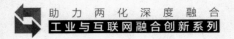

助力两化深度融合
工业与互联网融合创新系列

IN
DUSTRY 4.0 AND MADE IN CHINA 2025

中国制造2025强国之路与工业4.0实战

重构智慧型产业，开启产业转型新时代

马兆林◎著

人民邮电出版社
北京

图书在版编目（ＣＩＰ）数据

中国制造2025强国之路与工业4.0实战 ： 重构智慧型
产业，开启产业转型新时代 / 马兆林著. -- 北京 ： 人
民邮电出版社，2016.3
（工业与互联网融合创新系列）
ISBN 978-7-115-41672-8

Ⅰ．①中… Ⅱ．①马… Ⅲ．①制造工业—研究—中国
Ⅳ．①F426.4

中国版本图书馆CIP数据核字(2016)第019742号

内 容 提 要

　　未来的工业体系将更多地通过互联网技术，以网络协同模式开展工业生产，制造企业
从顾客需求开始，到接受订单、寻求生产合作、采购原材料、共同进行产品设计、制订生
产计划以及付诸生产，整个环节都通过网络连接在一起，彼此相互沟通，而信息会沿着原
材料传递，指示必要的生产步骤，从而确保最终产品满足客户的特定需求。本书帮助读者
深入了解工业 4.0 的技术和发展趋势，归纳总结工业 4.0 落地中国制造业的步骤和任务。本
书适合关心 "互联网 +" "工业 4.0" 浪潮对传统企业的影响以及如何实施转型升级的传
统企业中高层管理者阅读。

◆ 著　　　　　马兆林
　　责任编辑　　冯　欣
　　责任印制　　彭志环
◆ 人民邮电出版社出版发行　　北京市丰台区成寿寺路 11 号
　　邮编　100164　　电子邮件　315@ptpress.com.cn
　　网址　http://www.ptpress.com.cn
　　大厂聚鑫印刷有限责任公司印刷
◆ 开本：700×1000　1/16
　　印张：12　　　　　　　　　　2016 年 3 月第 1 版
　　字数：150 千字　　　　　　　2016 年 3 月河北第 1 次印刷

定价：42.00 元

读者服务热线：(010)81055488　印装质量热线：(010)81055316
反盗版热线：(010)81055315

纵观历史发展长河，每一次全新的变革都会激起一股滔天巨浪，并给国家带来深远悠长的影响。如今，继第一次工业革命的蒸汽时代、第二次工业革命的电气时代、第三次工业革命的互联网时代之后，全球即将进入一场新的变革浪潮中，那就是工业 4.0 的智能时代，即第四次工业革命浪潮。然而，在全球工业发展的同时，中国的工业也在进行着巨大的变革。

在过去的一段时间里，中国的制造业走到了市场经济领域的最低谷：首先，劳动力成本不断攀升、原材料价格不断上涨，使得大多制造业企业获得的利润极其稀薄；其次，国内制造业所面临的压力逐渐加大，随着全球科技的不断进步，市场开放程度日益加大，国外的高端产品在国内备受青睐，而国内自产产品的受关注度则少之甚少；再次，我国在国际产业链分工的链条中，始终处于低端制造的位置，因此，也造成了我国制造业只能做产品附加值较低、利润较微博的加工贸易；最后，从低端产品领域来看，许多资本和国内的企业都纷纷转向了越南、印度等土地、劳动力成本更加低廉的东南亚国家，由于这些国家的产品价格非常低廉，就使得我国原本的低价格优势几乎消失殆尽。所有的这些情景，使得我国的制造业逐渐趋于低迷，但是国内制造业依然在中国这片巨大的制造业沃土上顽强地发展着，期待我国产业结构调整之后，制造业呈现繁花似锦的一天。

如今，中国也制定了自己的工业 4.0 发展战略——"中国制造 2025"，为我国工业未来的发展前景绘制了一幅宏伟蓝图，"两化融合"为我国制造业企业的转型升级指明了前进的方向，使得众多制造业企业犹如醍醐灌顶般，瞬间看到了自己的美好未来。

于是，随着全球开展工业 4.0 模式的呼声越来越高，我国也逐渐开始践行"中国制造 2025"战略，制造业企业纷纷进入了智能操纵一切的智能制造时代。但是，正如参加互联网、大数据等初次"面试"一样，很多人对工业 4.0 还并不是完全了解。工业 4.0 到底是什么？未来全球制造业有什么样的发展趋势？每个国家发展工业 4.0 的现状如何？工业 4.0 对于中国来说具体意味着什么？中国发展工业 4.0 面临哪些任务？在实践智能制造的过程中如何进行转型升级？不同行业在工业 4.0 时代转型升级的技巧有哪些？本书将为读者一一进行答疑解惑，并且深入分析当下知名企业如何借助工业 4.0 的浪潮实现转型升级以及提升企业竞争力，如何在国内市场以及国际市场激烈的竞争中赢得一席之地。

工业 4.0 不仅是中国经济发展的重要方向，也是我国经济实现可持续发展的重要出路，不仅是实现新常态的重要途径，也是经济走向世界水平的战略选择。

未来的工业 4.0 时代正在向我们走来，阅读本书将有助于实现你的中国工业 4.0 之梦。

CONTENTS 目录

1

第 7 章　未来全球制造业的趋势　/95

第 8 章　工业 4.0 对中国意味着什么　/111

3

第 9 章　中国实现工业 4.0 的 4 个任务　/129

上篇
基础篇

第 1 章

什么是工业 4.0

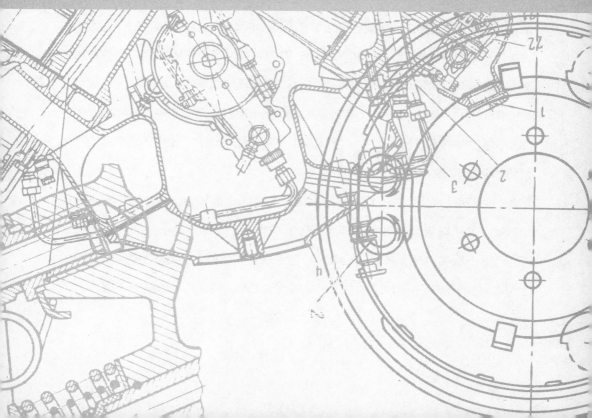

⚙ 从自动化生产到智能化生产的革命

　　本书着重讲的是工业 4.0 对于中国制造业各领域发展的巨大影响和深远意义。那么什么是工业 4.0 呢？实际上，工业 4.0 最早是在 2011 年举行的汉诺威工业博览会上率先由德国政府推出的《高技术战略 2020》中提出的。德国学术界对于工业 4.0 的定义是"继机械化、电气化和信息化技术之后，以智能制造为主导的第四次工业革命。主要是指通过信息通信技术和虚拟网络—实体物理网络系统（CPS）的结合，将制造业向智能化转型，实现集中式控制向分散式增强型控制的基本模式转变，最终建立一个高度灵活的个性化和数字化的产品和服务生产模式。"

　　从德国对工业 4.0 的定义中不难发现，**工业 4.0 实际上是一场制造业的巨大变革，是一场从自动化生产到智能化生产的革命。**事实上，人类的工业发展史，是一次次科学和技术的变革史，然而这些变革都在制造业上得到了最好的体现，最终促进了人类生产、生活方式的巨大变革，实现了人类进步，如图 1-1 所示。

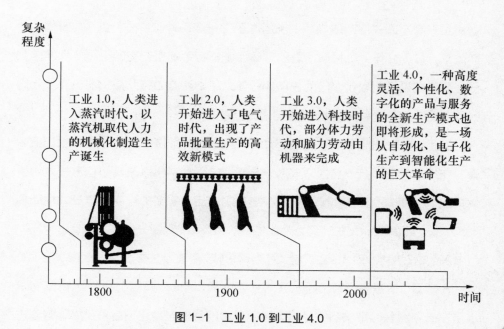

图1-1 工业1.0到工业4.0

工业1.0是机械制造时代。18世纪末,第一次工业革命全面爆发,人类进入蒸汽时代。以蒸汽机取代人力的机械化制造生产诞生,人类进入了工业1.0时代。工业1.0实际上是水力和蒸汽机实现机械化,从而使得机械生产取代了最原始的手工劳动,使当时经济社会以农业、手工业为基础向工业、机械制造业转型,从而带动经济发展的新模式。

工业2.0是电气化自动化时代。20世纪初,第二次工业革命全面爆发,人类开始进入了电气时代。电力的广泛应用促进了生产流水线的出现,这时,人类进入了工业2.0时代。在这个时代,在劳动力分工的基础上采用电力来进行大规模生产;与此同时,零部件生产与产品装配的分离得以成功实现。因此,出现了产品批量生产的高效新模式,也出现了电气自动化控制机械设备等。

工业3.0是电子信息化时代。20世纪后半期,第三次工业革命全面爆发,人类开始进入科技时代。电子计算机技术得到了迅猛发展,人类作业被机械自

3

动化生产制造方式逐渐取代，人类迈进了工业 3.0 时代。在工业 3.0 时代，生产效率、分工合作、机械设备寿命、良品率都有了前所未有的提高。人类作业已经逐步被机器所取代，因此使得部分体力劳动和脑力劳动由机器来完成。这时候出现了信息技术自动化控制的机械设备。

工业 4.0 是智能化时代，被认为是人类步入智能制造为主导的第四次工业革命。在这个时代，全产品生命周期、全制造流程数字化以及基于信息技术的模块集成，一种高度灵活、个性化、数字化的产品与服务的全新生产模式也即将形成，是一场从自动化生产到智能化生产的巨大革命。

那么，工业 4.0 时代，生产制造由自动化转为智能化主要由哪些因素决定呢？

一方面，这是生产力不断发展的必然结果。自动化应用于制造业由来已久，但是在市场竞争异常激烈的经济大环境下，以往的自动化、信息化必将得到进一步提高，这样才能使生产资料变革适应生产力的发展。因此，智能化的出现是经济发展的必然结果。

另一方面，这是传统自动化生产无法应对动态变量的必然结果。自动化系统一共包括 4 个子系统：感测系统、运算处理系统、逻辑推理判断系统、反映系统。由于生产系统的内容架构必须适应企业的需求变化，因此自动化系统的这四大子系统的规模设计没有标准可循，使得过去的生产制造环节中每个岗位的工作内容都是固定不变的。因此，直至整个流水线生产完成，每个岗位上的员工只做自己分内的工作。在这样的生产模式下，产品的生产周期长，且生产出来的产品批量大、种类少。虽然能够满足消费者量的需求，但是随着消费者消费水平的不断提高，他们已经不满足于仅在量上得以满足，更注重产品的个性化特点，通过产品的个性化特点凸显与他人的不同，因此单一的、少量的产品种类已经不能满足消费者的动态需求；另外，经济发展到一定程度，诸多复杂多变的因素随之而来，厂商必须寻找更好的方式与方法来应对订单不稳定、少量多样生产、良品率的要求、原材料与库存压力的控制等，这些对于传统的自动化生产模式已经形成了一种巨大的挑战。因此，自动化生产向智能化生产的转变是解决这些问题的最好方法。

　　工业 4.0 带来了自动化生产到智能化生产的变革，使得生产过程、产销流程都得到了控制，在线生产过程中受到的人工干预大幅减小，实时搜集的生产线数据则更加精准，从而能合理进行生产计划和生产进度安排，最终使得制造业企业大幅提升了竞争力和生产力。

⚙ 工业 4.0 从万物互联网开始

　　工业 4.0 的本质就是打造一个世界级工厂，那么如何才能达到世界级呢？关键还得通过互联网将最好的传感器、软件以及技术汇聚起来，这样才能通过互联网实时观看到世界级工厂中每个工厂的运行情况，通过可视化、自动化来提高整体生产效率、降低原材料成本、减少库存的浪费、降低资源消耗量，这也正是实现世界级工厂的终极目标，这也正是工业 4.0 的本质。

　　德国在《德国高技术战略 2020》中提出"工业 4.0"的概念，并在该战略中将工业 4.0 定义为"以信息物理系统为基础的智能化生产"，这证明了工业 4.0 时代是以实现生产智能化为目标的。然而"信息物理系统"实际上是指各类物理设备通过互联网连接，并最终具有计算能力、互相通信能力，从而可以被精确地识别和控制，进而通过远程协调和管理，实现虚拟网络与物理设备的互联互通。由此可见，工业 4.0 是从万物互联开始的。

　　德国率先提出了工业 4.0 战略，这使得处于世界级高端技术的领导者美国也对工业 4.0 给予了极大的关注，因此，通用电气公司的"工业互联网"战略顺势诞生了。

　　通用电气公司简称 GE，是全球最大的提供技术和服务业务的公司，目前业务主要集中于金融服务、工业产品智造、医疗、能源和传媒等领域。

　　日前，通用电气公司发布了一份报告。该报告显示，如果工业互联网以每年 1% ～ 1.5% 的增长速度推动生产率转化，那么生产率会再一次达到网络革命的巅峰水平。事实上，这份报告意味者未来 20 年美国人的平均工资将比当前提高 25% ～ 40%。在这 20 年中，工业互联网将会为全球的 GDP 增加 10 ～ 15 万亿美元，这个数值相当于再造一个美国经济。由此可见，工业互联网为全球带来的经济效益是非常显著的。

　　工业 4.0 实际上就是从万物互联网开始实现互联互通。通过互联网将生产设备、生产线、工厂、供应商、产品、客户等在内的上下游生态单元连接起来，并且在信息物理系统的基础上将传感器、嵌入式终端系统、智能操作系统、通信设施连接交织在一起，形成一个智能网络。不同设备之间、产品与设备之间、虚拟数字与物理世界之间实现互联互通，以及万事万物之间的互联互通，从而达到从机器设备到操控系统，最终到人类社会的数字信息交流。

　　首先，不同设备之间的互联互通

　　通过具有不同功能、不同类型的智能单机设备之间的互联互通可以组成智能生产线；通过不同的智能生产线又可以形成智能车间；智能车间之间的互联互通又可以形成智能工厂；不同地域、行业、企业之间的智能工厂的互联互通又可以形成一个巨大的智能制造体系。当然，所有的这些单机设备、智能生产线、智能车间、智能工厂都可以自由、动态地随机进行组合，这样的优点是可以随时随地地满足制造需求，满足消费者需求。

其次，产品与设备之间的互联互通

设备之间的互联互通之后就是进行产品和设备之间的互联互通，这样产品就能够更加体现设备所赋予的使命，并按照设备的指令推进生产过程。由此可见，这样的智慧产品知道自己该做什么、自己将被运送到什么地方、自己未来将被谁如何使用等。这就意味着，在工业 4.0 时代，所有的产品与设备之间都是依托智能化来完成，产品与设备之间可以实现智能沟通。

再次，虚拟数字与物理世界之间的互联互通

工业 4.0 将信息物理系统作为核心，利用互联网将物理设备进行连接，这样物理设备就具有了计算、通信、控制、远程协调、自治的功能，通过这五大功能将虚拟数字世界与物理世界相互融合，由此便使得原本没有生机的机器设备变得智能化，能够在生产过程中进行自我感知、自我适应、自我诊断、自我决策、自我修复等一系列行为，最终实现了智能机器人与人类的相互协同。

如今，智能机器人也开始走向影视行业。一部由日本深田晃指导的描述未来日本遭到核辐射、民众举国难逃的电影《再见》，其中的一个女主角就是由一个智能机器人来担当的。这款智能机器人名为 Geminoid F（F 指女性 Female），是由著名的日本机器人专家石黑浩研发的一款女性智能机器人，其外形相当逼真，会眨眼、微笑、皱眉等 65 种面部表情，皮肤材质是硅胶，肤色的逼真度非常高，可以进行对话、唱歌等，远看几乎与真实的美女无异。

Geminoid F 出演电影女主角，也正体现了虚拟数字与物理世界之间的互联互通，真正地实现了智能机器人与人类的相互协同。

最后，万事万物之间的互联互通

所谓万事万物之间的互联互通，其实就是指利用人与人、人与物、物与物之间的互联互通，通过人、物之间的相互联通建立一个全新的生活、生产场景。然而，在整个互联互通的环节中，人类起到了主导作用。通过互联网将机器设备、数据信息通过感知以及传递等方式形成人类需求的网络终端，最终从生产、生活方面满足人类需求。

如今，我们已经从互联网时代迈向了万物互联的时代。万物互联会为我们提供更加清晰的生产、生活画面，以及更加广阔的生产、生活场景，更加精准地为我们的未来做出决策，而这也正是工业 4.0 得以实现的开端。

⚙ 个性化定制成为智能制造的主题

如今，消费者已经不能仅仅凭借以往的质量过硬思维来满足自己对产品的需求，而是逐渐转向通过能够代表自己个性的产品展现出自己的与众不同。众多企业为了迎合消费者的这种需求，为消费者量身定制，打造体现其个性特点的产品，也正是因此，个性化、定制化已经成为当下耳熟能详的热门词汇。

个性化定制产品已经成为互联网时代炙手可热的产品，使消费者对于个性化需求的满足，比标准化产品更具价值空间。这也正是工业 4.0 时代进行智能制造的主题。

事实上，产品的个性化定制并不是新鲜事。早在 20 世纪 80 年代，很多企业就已经开始进行大规模的产品定制，根据用户的需求定制服饰、家居等。但是由于当时各种因素和条件的限制，使得当时的定制产品只能针对少数富有人群来进行。如今，随着科学技术日新月异、互联网应用日渐成熟，企业可以通过网络面对面地征求消费者的消费需求，为消费者制定个性化产品。加之，高端智能生产技术的不断普及，使得技术成本、产品价格大幅下降，越来越多的消费者都能满足自己的个性化定制需求。因此，**购买个性化定制产品已经成为一种消费趋势。**

早在 10 年前，《蓝海战略》出版，该书一经面世便在整个商界引起了一场巨大的轰动。书中提到了一种全新的营销思维方式，那便是企业将营销思路转向买方需求，并且还对于"小众需求组成的广阔蓝海中的无限商机"进行了深入的论证和阐释。这本书中所提到的正是个性化定制对于传统商界营销模式的一种巨大的变革。然而我国以携程、艺龙为代表的第一批旅游网站正是满足了用户个性化需求的内容，通过"旅游攻略"聚合小众需求，进而为其制定专属的个性化旅游路线以及自由行产品。一时间，携程、艺龙的这种全新的营销模式成为当时旅游领域的一种新时尚。

诚然，个性化定制已经成为工业 4.0 时代智能制造的全新思维模式。

一方面，从人的角度来看

首先，越来越多的产品设计将更加人性化，以人为本，体现了消费者的自主研发性；其次，工业 4.0 的出现带来了智能制造，为制造业的工人扩大了工作范围，提高了其自身技能和本领，扩充了其知识面，扩大了其发展空间。这势必使得消费者对个性化定制的需求更加凸显，也使得制造业工人的个性化定制工作更加易于实现，从而加快了个性化定制在智能制造过程中的实现速度，进而为制造业企业带来更快的资金循环以及更大的经济效益。

红领集团的酷特智能平台就是借助工业 4.0 玩转个性化定制，制造个性化产品，满足个性化需求，打造一种全新的商业模式。其旗下的魔幻工厂就是酷特智能的一款战略产品。2003 年开始，酷特智能就选取美国纽约为实验基地，上线了个性化定制平台，进行个性化定制产品的生产运作，使得个性化定制的设计成本下降了 90% 以上，并且库存得到了有效控制，生产周期缩短了 50%。实际上，生产一件个性化定制的衣服，通过魔幻工厂来完成只需要 10 天。

另一方面，从技术的角度来看

首先，工业 4.0 的系统非常简单，操作方便，并且具有安全性；其次，在产品生产和经营过程中，网络化、个性化特点突出，会使整个生产过程中遇到的各种问题能够得到快速解决；再次，智能产品在整个产品生命周期内可寻址、可识别；各个系统的组件各有所长，通过发挥各自的功能为其他组件服务。

举个简单的例子。个性化定制产品在研发之前都是通过互联网与消费者面对面进行沟通，获得消费者对产品要求的各方面数据，然后再根据数据指标进入生产环节。拿定制衣服来说，只要消费者详细描述对成品的要求，包括材质数据、颜色数据、款式数据、版型数据（包括领型数据、袖型数据、扣型数据、口袋数据、胸围数据、腰围数据、袖长数据等）等诸多细节性数据，在加工过程中，如果在领型制作环节出现问题，那么，就可以将制作工序返回到上一工序，按照消费者提供的领型数据重新进行领型制作，而其他已经制作好的部分继续使用。这样不但快速弥补失误，还减少了成本的浪费、节约了时间成本，这也正体现了智能制造可以快速寻址、识别，并可以快速解决生产过程中遇到的问题的特点。

目前，以智能制造实现个性化定制生产的制造模式正在逐步普及，个性化定制已经成为了智能制造的主题。一个生产"个性化""定制化"，能够给大众带来"个性"生活的新时代即将到来。

产业高度集成

2015 年德国汉诺威工业博览会在 4 月 17 日落下了帷幕。博览会将 2015 年的工业展的主题定为"融合的工业加入网络"，这意味着在工业 4.0 的浪潮下，产业集成化程度将越来越高。

工业 4.0 的产业集成包括纵向集成、横向集成、端到端集成。这三个集成实际上既是工业 4.0 发展的重点，也是难点。只有实现产业高度集成，才能真正地进入工业 4.0 时代。

11

纵向集成

所谓纵向集成，实际上是指企业内部所实现的所有生产、运营环节信息的无缝连接，即企业信息化发展经历部门需求、单体应用到协同应用的一个历程。然而纵向集成要求的就是企业内部的信息流、资金流、物流形成高度集成。一个企业的发展关键是要看这"三流"的集成状况。其中，信息流的质量、速度、范围可以很好地"映射"出企业的生产、管理、决策等能力的高低。而资金流、物流都是在信息流的基础上产生的最高体现。

事实上，**企业内部的信息流是手段，资金流是条件，物流是终结和归宿。**

信息流是在空间和时间上向统一方向运动的一组信息，其信息源和信息接收者是相同的，是从一个信息源向另一个信息地址传递信息集合。各个信息流组成了一个巨大的制造业信息网，组成了企业的生产系统，当信息流不通畅的时候，势必会阻碍生产经营活动的顺利进行。因此，信息流是决定企业内部正常运作的手段。

资金流实际上是一种数理统计和分析手段。简单来讲，购买者在有了需求或者有购买欲望的时候才会产生购买行为，但是如果不付款就不会获得该商品的所有权。因此，资金是获得商品的条件，即资金流是条件。

物流是解决物资在时间和空间上的高效、合理的利用而采取的行为。但是物流本身并不包括信息流和资金流，而是决定商品的最终去向，即是商品流动的终结，决定了商品最终的归宿。

总之，一个高度纵向集成的企业，可以全盘控制从原材料的准备到产品零售过程中的所有行动。因此，纵向集成也是产品全生命周期的集成，而这正是工业 4.0 时代所有生产智能化的基础。

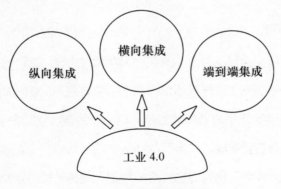

图 1-2　工业 4.0 产业集成

 **横向集成**

横向集成是专门针对企业与企业之间而言的，所以横向集成的对象都处于

同一层次上，也叫做水平集成。

横向集成是企业之间通过价值链以及信息网络实现资源整合，为实现企业间的无缝合作，提供实时产品与服务，从而推进企业间研产供销、经营管理与生产控制、业务与财务全流程的无缝衔接与综合集成，实现产品研发、生产制造、经营管理等在不同企业间的信息共享和业务协同。横向集成实现资源整合的目的实际上就是通过组织制度安排和管理运作协调来增强企业竞争力，从而提高客户服务水平。

横向集成强调对企业之间价值链上的某个环节的资源进行有效利用、有效整合，从而提高每个环节的效用和价值，最终使各个企业共同创造价值链上的价值，实现最大化。

🔧 端到端集成

端到端集成就是指所有连接的端点都集成互联起来，并且对价值链上各企业的资源进行整合，使产品设计、生产制造、物流配送以及使用维护等产品的全生命周期实现统一管理和服务。通过价值链创造集成供应商（包括一级供应商、二级供应商、三级供应商等）、制造商（包括研发、设计、加工、入库、配送）、分销商（包括一级分销商、二级分销商、三级分销商等），以及客户信息流、资金流、物流，从而为客户提供更有价值的产品和服务，与此同时也重构了产业链各环节的价值体系。

然而，在整个产业链中，各个端点的通信协议是不尽相同的，因此在对数据进行采集的时候所采取的格式和频率也是有所不同的。如果想让这些通信协议的端点能够实现互联互动、互感互知，那么就必须建立一个能够将其统领的平台，企业服务总线就是这个统领平台；通过该平台可以实现端与端之间的互联互通，只有这样，端与端之间的集成也才会变得容易许多。

总之，端到端的集成是工业 4.0 时代的必然要求，是制造业满足客户个性化定制需求的途径，同时也是实现产业链各环节的价值体系重构的必然结果。

三大主题推动制造业向智能制造转变

德国工业 4.0 向我们描述了制造业的未来前景，提出了在经历了机械化、电气化、自动化三个工业革命阶段之后，人类将迎来以信息物理系统为基础，以生产高度数字化、网络化、自动化为前提，以智能制造为主导的第四次工业革命。

以智能制造为主导的工业 4.0 主要包括三大主题——智能工厂、智能生产、智能物流，这三大主题是推动制造业向智能制造转变的巨大动力。

智能工厂

所谓智能工厂实际上就是在数字化工厂的基础上，利用物联网技术、设备监控技术来加强制造业的管理和服务，从而掌握产销流程、提高生产过程中的可控性、降低生产线上人工干预、实时精准地采集生产线数据资料，达到合理编排生产计划与生产进度的目的，通过智能手段和绿色环保技术来构建一个高效节能、绿色环保、环境舒适的人性化工厂。作为智能工厂，必定具备"三高"的优势，包括高科技、高智商、高装备，这也正是智能工厂的三大特点。

其实，工业 4.0 所提倡的就是智能工厂。智能工厂是通过生产系统中配备的信息物理系统来实现的。与传统生产系统相比，智能工厂的产品和资源以及处理过程都是在信息物理系统的基础上存在的。因此，较传统生产系统在成本、资源上都极具优势。这也就意味着在智能工厂中，创新技术、成本与时间的节约都是一种"自上而下"式的生产模式变革。

> 目前，我国的智能工厂还处于探索阶段，航空航天、军工厂、钢铁行业、工程机械、电子领域、能源动力等各大领域都在致力于全面建立智能工厂。智能工厂的建立对于行业标准的制定等具有非常重要的指导意义。
>
> 兰光创新是国内领先的一家专为军工等高端离散型制造企业提供数字化车间全线产品链的专业公司，也是国内智能工厂的最早探路者。兰光创新的发展理念和运行方案其实都是非常接近工业 4.0 的信息化系统的。某军工厂在兰光的帮助和支持下，创建了 5 个智能工厂，全面实现数字化、无纸化、智能化的生产管理后，经济效益有了很大的提高，成为同行业领域的示范企业。

智能工厂是工业 4.0 时代的发展趋势，也是众多制造业企业迈向工业 4.0 的基础。目前，德国工业 4.0 计划将智能工厂与众多信息技术、机器人技术、激光感应技术相关的企业合作，进行技术实验。实验结果已经被试用在德国的大企业中的生产流水线上，这些大企业包括博世、巴斯夫、西门子等，并且取得了可喜的成果。

智能生产

智能生产是对传统生产技术的一种巨大的变革，也是工业 4.0 实现智能制造的必然趋势。智能生产在工业产品制造中涉及生产物流管理、人际互动以及 3D 技术在工业生产中的应用，并且形成高度灵活、个性化、网络化的产业链。这也正是智能生产的侧重点所在。

从 2015 年国际国内的 3D 打印市场来看，不难发现 3D 打印技术已经由原来的概念阶段进入应用阶段，3D 打印技术的应用时代已经大踏步向我们走来。目前，国内购买 3D 打印机的学校已经接近 1000 所，并且都建立了自己的 3D 打印教室；工业 3D 打印技术的应用已经达到了迅猛增长的程度，仅 2015 年国内市场预计销售的 3D 打印机数量就会超过 500 台；生物领域利用 3D 打印机在生物 3D 打印肝单元技术已经取得了惊人的突破，这也标志着我国的 3D 打印技术在生物学领域取得了新的里程碑。

除此以外，3D 打印技术还在珠宝、鞋类、工业设计、音乐、建筑、汽车、食品、航空、照相等诸多领域开始广泛使用。

在建筑方面，工程师和设计师用 3D 打印机打印建筑模型，利用这种方法可以达到快速、环保、精美的目的，更重要的是低成本，节省了大量原材料，如图 1-3 所示。

图 1-3　3D 打印建筑模型

在食品方面，已经开始利用 3D 打印机"打印"巧克力。或许不久的将来，所有食品都是通过这种技术"打印"出来的，届时手工制作食品可能会相对贵很多。

在照相馆方面，操作人员仅需要 10 分钟的时间就可以利用 3D 扫描技术对人体进行扫描，然后用 3D 打印技术根据扫描结果进行实体人像打印，将打印出来的人像作为人偶纪念品。

可以说智能生产是一个理想的生产系统，能够按照客户需求编辑产品特征、成本、物流管理、生产时间、安全性等要素，从而为不同客户生产特定的产品，并且实现产品的最优化生产制造。

由于不同国家、不同地域、不同行业、不同企业都在工业 4.0 的基础上摸索个性化智能制造，就必然导致全新的产业价值链、生态系统、竞争格局出现，这势必会加大智能生产的力度与进度，从而加快智能生产的步伐，使得智能制造快速实现。

智能物流

智能物流即物流的智能化。智能物流在现代物流的基础上，结合物联网、计算机技术、互联网、自动控制和智能决策等技术，使物流系统具有自我思维、自我感知、自我学习、自我检测、自我推断、自我决策、自我修复等一系列智能化的能力。智能物流可以通过自动化设备和信息系统独立进行订单处理、物流运输、仓储配送等各环节作业，实现经济、高效、可靠、环保的发展目标，**因此智能物流具有自动化、信息化、网络化、集约化、社会化特点。**

物联网时代的"智能化"还仅在"自动化＋信息化"层面上，并没有真正地实现智能化。随着科技的发展，进入了互联网时代，智能化物流才真正得以实现。智能物流利用互联网、物联网实现物流资源的整合，只有最大限度地发挥现有物流资源供应方的货运效率，并且还需要需求方加快显示服务匹配的速度，才能使货物得到物流的快速支持，这样才能加快制造业向智能制造转变的进程。

大数据成为革命主导力量

工业 4.0 的到来，实际上与消费者自我意识觉醒及技术进步的关系密不可分。特别是进入数据时代，数据分析驱动企业发展已经成为企业迈向工业 4.0 道路上必不可少的一部分。IBM 对于工业 4.0 和大数据之间的关系有着特殊观点，认为**大数据是工业 4.0 的第四次工业革命的主导力量**。

诚然，云计算、互联网、大数据分析已经成为当下企业发展不可或缺的技术手段，通过这些技术预测以客户为中心的市场状况和变化趋势，并且根据这些数据洞察消费者需求，并将这些数据应用于企业的研发、生产、营销、服务等管理运作当中，从而让消费者获得最佳的产品和服务体验。这也正体现了大数据辅助智能化生产的工业 4.0 的重要性。

工业 4.0 时代，大数据贯穿于整个智能化生产过程中，其中包括产品数据、运营数据、价值链数据、外部数据四大部分，如图 1-4 所示。

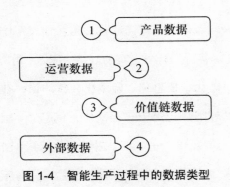

图 1-4 智能生产过程中的数据类型

 产品数据

在工业 4.0 时代，个性化定制已经成为一种潮流与趋势。在该时代，大数据也具有非常巨大的潜在经济价值。利用产品数据，可以实现个性化的产品定制，为满足用户个性化产品需求提供了相当重要条件。

一方面，内嵌于产品中的传感器将提供更多产品的实时数据，这样产品管理就能够更好地贯穿于消费者需求、产品设计、生产、销售、售后、物流，乃至淘汰报废的的整个产品生命周期中。

　　另一方面，企业和消费者在进行交易的过程中也必将产生大量的数据，这些数据可以更好地帮助消费者参与到产品的设计、加工等创新活动当中。

　　小米之所以能够成功，很大程度上也是归功于其对米粉需求的数据挖掘。小米创建于 2010 年，作为我国自主研发的智能国产手机，仅仅在 4 年的时间里，其销售量就已经远远超过了苹果。究其原委，在于小米手机研发者通过对米粉所提供的意见和建议的不断搜集，以及对他们的个人信息进行整合，并将这些信息收纳在自己的数据库中；久而久之，数据库规模不断壮大，研发者能够获得有价值的数据信息。最终在对这些数据进行分析之后，研发者倾情打造出了能够让米粉满意的小米手机。因此这些从米粉挖掘出来的数据信息正是推动小米不断前进的动力，也是小米得以成功的基础。

运营数据

　　大数据在更早的时候已经对传统制造业产生了很大的冲击力，使得制造业在产品研发、工艺设计、工业控制、质量管理、生产运营等诸多方面都有了全方位的创新，尤其是运营数据的应用，使得制造业实现了工业控制和管理的最优化，进而可以对有限的资源进行合理配置与使用，从根本上降低了工业和资源的配置成本，使得整个生产过程变得更加高效、有序。

　　首先，生产线和生产设备在运行的过程中产生的数据可以用来对设备本身进行实时监控。

其次，在采购原材料、仓储资源合理配置、产品销售、运输配送的过程中也会产生大量的数据，对这些数据进行收集、分析，并加以合理利用，可以帮助企业更加精准地制定生产、营销决策，从而大幅提高了运营效率、降低了运营成本。

最后，对销售数据、供应商数据等的变化进行实时分析，可以帮助企业动态地调整和优化生产节奏和库存规模，既能达到供应平衡又不至于造成资源浪费。

价值链数据

制造业企业所需要管理的数据量纷繁浩大，数据种类繁多，并且包含诸多结构化数据和非结构化数据。随着科技的不断进步，制造技术和现代管理理念也有了更进一步的提升，制造业的运营也将越来越依赖于信息技术的发展。如今，制造业的整个价值链、产品生命周期等，都涉及大数据。并且，制造业企业所获得的大数据量也呈爆炸式增长。

制造业的价值链数据包括客户数据、供应商数据、合作伙伴数据。

首先，从客户数据来看，主要分为三类数据指标，即客户贡献类数据指标、类客户特征类数据指标、客户关系类数据指标。通过对客户数据的全面分析，制造业可以重新挖掘比较成本优势，在大批客户中有选择性地对客户进行先后顺序或者错开的方式来为其提供产品、服务。

其次，从供应商数据来看，价格＝成本＋价值，供应商数据应当包括原料成本数据等，充分掌握供应商数据，有助于制造业企业从供应商层面挖掘比较成本优势，有助于制造业企业对物料采购成本、物料采购策略等进行合理化设计。

最后，从合作伙伴数据来看，选择正确的合作伙伴是保证个合作企业实现特定目标或利益的前提。供应链上各企业之间的合作实际上意味着新产品、新技术的共同开发，数据信息的相互交换，市场机会的共同分享，运营风险的共同承担。因此，合作伙伴的数据中更重要的是核心竞争力数据。这就要求各个合作伙伴不能只把目光放在价格上，更重要的是要注重服务品质的提升、技术的革新、产品设计的创新，只有这样才能形成更加良好的合作关系，才能达到每个合作成员都受益的目的。

总之，在价值链各环节上挖掘到有价值的数据和信息，可以为企业管理者提供全新的视角来重新审视价值链，使得企业有机会把价值链上的更多环节转化为企业的战略优势。

外部数据

在很多情况下，企业往往注重其内部数据的挖掘和利用，而忽视了企业外部数据的价值。事实上，企业外部数据对企业发展的影响也是不容小觑的。利用外部数据，企业可以提升自己的管理决策和市场应变能力，这是内部数据所无法比拟的优势。在工业 4.0 时代，对于制造业企业来说，这一点显得尤为重要。

企业外部数据的流动性是非常大的，实时、快速地实现企业间的数据交互可以帮助企业获取更多有价值的外部数据，包括用户使用技术的信息、购买方式和意见、竞争对手的价格浮动走向、最新技术的应用情况、同行业新品上市情况、全球供应链模式、全球经济发展态势等。如果企业一味地固步自封，就会使其自身的内部数据形成数据孤岛，对企业的发展也是不利的。

沃尔玛和宝洁公司经常进行数据交换，这种交换方式使得沃尔玛更加了解消费者在线下的购买行动，也让宝洁公司了解到哪些品牌会更加受到消费者的青睐。之后，沃尔玛和宝洁公司会根据互相交换得到的数据制定出更加适合企业当前发展的管理决策，也从另一个侧面提升了双方的市场应变能力，使得两者能够在这场激烈的无硝烟的市场战争中获胜。

总而言之，无论是产品数据、运营数据、价值链数据还是外部数据，只要制造型企业能够很好地对其加以收集、分析和利用，就必然会铸就一场工业 4.0 时代的制造业革命。

上篇
基础篇

第 2 章
工业 4.0 的目标与基石

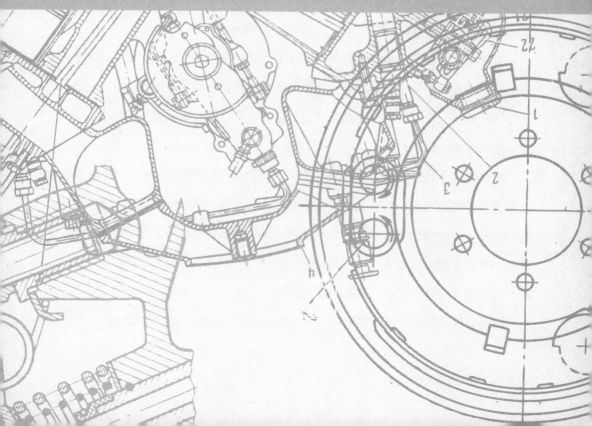

⚙ 工业 4.0 的目标：智能制造

在全球信息化大潮方兴未艾的时候，智能化战略就呼啸而来。近几年，工业 4.0 已经成为全球产业最为关注的热点，是以智能制造为主导的第四次工业革命。因此，在这场大革命中，智能制造成为了革命的目标。

工业 4.0 是继工业 1.0 的蒸汽时代、工业 2.0 的电气化时代、工业 3.0 的信息化时代之后的又一全新的产业变革时代，即智能化时代，要求企业信息化从车间延伸到整个工厂乃至整条供应链，将物联网及服务全面引入制造业，实现智能制造的目的。

德国的智能制造是这样定义的，是指"利用信息物理系统，依托于传感器、工业软件、网络通信、人机交互方式，实现人、设备、产品制造要素和资源的互相识别、实时联通、有效交流，从而促进制造业研发、生产、管理、服务与互联网紧密连接，推动生产方式定向化、柔性化、绿色化、网络化发展，并不断充实、提升、再造制造业的全球竞争新优势。"

智能制造实际上可以被看作一个庞大的智能运作系统，在设计、研发、生产、管理、销售、运输、售后等各个环节都实现智能化，而每个环节又是智能制造系统的一部分。从整体把握来看，**智能制造系统主要包括 5 个方面，即智能产品、智能装备、智能生产、智能管理、智能服务**，如图 2-1 所示。

图 2-1　智能制造系统

智能产品

智能产品自然与传统产品有着一定的区别，智能产品是借助于传感器、处理器、存储器、通信模块、传输系统生产出来的产品，因此产品具有动态存储、感知、通信的能力，进而实现产品的可追溯、可识别、可定位。如今，诸多产品都迈进了智能产品行列，如计算机、智能手机、智能家居（冰箱、电视、空调等）、智能机器人、智能穿戴、无人驾驶汽车等。专家预测，到 2020 年，全球智能产品数量将超过 500 亿台。

以智能家居为例，智能家居利用先进的计算机、自动控制等技术，将与家庭生活息息相关的各种应用都有机地结合起来，从而让家庭生活变得更加舒适、安全、节能。这也正是智能家居较传统家居更具高度人性化的一面。智能家居赋予传统家具"智慧"，在"智慧"的驱动下可以提供全方位的信息交换功能，实现了家庭与外部信息的畅通交流，帮助人们更加有效、合理地安排自己的时间，增强了生活的安全性，使得人们的生活方式得到优化。

作为一家专注于智能产品自主研发的移动互联网公司，小米目前也极为看好智能产品的市场价值。以小米手机为核心的前提，围绕智能家居进行布局，全面构建小米生态系统，如今旗下已经拥有小蚁智能摄像机、小米智能灯泡和床头灯、智能血压计、小米手环、小米体重秤等。小米路由器作为一个数据吞吐枢纽实现了小米手机与智能家居的互联互通，形成了小米的智能家居产品矩阵。小米智能家居面向市场以来，受到消费者的热捧，在智能家居销售行列榜上有名。

智能设备

智能设备通过先进制造技术、信息技术和智能技术的集成和深度融合，实现了制造设备的感知、分析、推理、决策、控制等一系列功能，使得制造设备具有智能化特点。**智能设备在生产过程中可以实现生产制造的自动化、智能化、精密化、绿色化等，从而使得整个生产技术水平有了很大的提升。**

工业 4.0 时代，智能化设备的发展进程可以在两个维度上进行：一方面是单机智能化，另一方面是由单机设备的互联而形成的智能生产线、智能车间、智能工厂。在生产制造过程中使用智能设备可以在保证质量的前提下降低成本、节省能耗、提高生产效率。

2013 年，在自动化仓库领域中，智能穿梭车在仓储管理、货物运输中的应用最为火爆。智能穿梭车利用货架系统和密集型货架相结合的方式，极大地提高了仓储设施的空间利用率。智能穿梭车可以在密集货架里进行货物的智能搬运、出货，因此，智能穿梭车在制造业中单品出货量较大的产品领域备受青睐。智能穿梭车使得企业节省了大量的人力和时间，加快了产业生态系统的循环，使企业更具竞争力。目前，智能穿梭车作为极具高效特点的新技术已经得到了广泛使用，其增长速度预计在 100% 以上。

智能生产

对于智能生产，我们在前文中已经提到。实际上，智能生产是一种理想的生产系统，能够编辑产品的特性、成本、物流管理、生产时间等。进行智能生产只需要一套完整的智能装备和一个智能工厂就可以进行。智能工厂系统可以在 PC 端、平板电脑或者手机等任何一种智能设备上进行操作。换句话说，就是操作者只要拿着一台具有智能化系统软件手机就可以坐在办公室对整个生产流程进行操作。在产品制作过程中，从原材料的输入到成品的输出，全部都在掌控之中。即便在中途改变了某项数据，也可以与各部门及时沟通，从而使得信息互通的延迟时间为零。

智能管理

智能管理是以人类智能机构为基础，结合人工智能和管理科学、知识工程、系统工程、计算机技术等的全新管理模式。

随着企业内部所有生产、运营环节信息的纵向集成、企业之间通过价值链及信息网络所实现的资源横向集成，以及围绕产品全生命周期的价值链的端到端集成的不断深入，企业数据的及时性、完整性、准确性必然得到一定程度的提高，这就使得整个生产制作过程以及产品全生命中期的管理变得更加精准、更加高效、更加科学。工业 4.0 时代的智能管理将使传统管理模式发生重大变革。

智能服务

所谓智能服务就是指通过捕捉客户的原始信息，利用后台长期积累的丰富数据构建需求结构模型，进行数据挖掘和商业智能分析，不但可以从客户的原始信息中获得客户习惯、喜好等显性需求，还可以挖掘到客户的身份、工作、收入状况等相关联的隐形需求。通过这些精准分析来为客户制定更加贴切、更加精准、更加高效的产品服务，让客户获得最佳的服务体验。

智能服务是智能制造的核心内容。越来越多的制造型企业已经将以往的只关注产品生产的观念转变为注重服务质量的提升。因为高效、精准的服务可以对客户的潜在需求进行及时的满足，从而让客户获得服务需求上的满足，进而增加重复购买率，使得客户生命周期得以延长，更重要的是推进了智能制造的可持续发展。

总之，工业 4.0 的智能制造必将推动产品、设备、生产、管理、服务的智能化，并且将激发制造业领域的产品、设备、生产、管理、服务的创新。

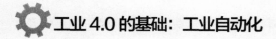

工业 4.0 的基础：工业自动化

蒸汽时代、电气时代、信息时代三大革命之后，引领全球智能制造和个性化产品需求的新一轮工业变革随之而来，这便是第四次工业革命，即工业 4.0 时代。德国工业 4.0 的启动是在工业自动化的基础上得以实现的，因此，工业自动化是工业 4.0 发展的基础。

每一次技术变革必将给工业带来巨大的颠覆，无论是蒸汽时代、电气时代、信息时代还是智能时代的变革都是如此。在过去，传统的制造业迫于成本问题不得不进行大规模生产，以至于稍有不慎就会陷入产能过剩的危机，甚至最终发展到企业倒闭的结果。工业自动化的出现将彻底改变这种弊端，给生产带来了高效制造的同时，避免了产能过剩危机的出现。此外，工业自动化的出现还从根本上解决了人的问题，即逐步通过先进的自动化机器解放、取代了人力劳动。

实际上，工业自动化出现的原因也是环节劳动力成本上升而采取的最佳解决方案。劳动力成本的上升必然会给企业带来巨大的竞争压力，因此，工业自动化的出现也是劳动力成本上升导致的必然产物。自动化设备的出现从根本上解决了人力成本问题，并且很大程度上提升了生产效率。

A.O 史密斯是一家拥有 141 年历史的大型热水器生产厂家，该厂家就是针对人工成本和国际市场的双重压力率先实现工业自动化生产的。早在 2009 年，A.O 史密斯就组建了自己的自动化团队，并且利用自动化进度较高的生产模具，实现了多工位连续送料、多机器与工作站联动。随着对产品进行调整，生产线也需要进一步改造，因此在投资设备的时候，A.O 史密斯就会仔细计算一台自动化设备能够节省多少人工成本回收周期，即设备的投资回报周期。如今，A.O 史密斯的每位生产员工的工资平均增长了 10%～12%，然而这些增长的工资中，至少有一半工资成本是由于使用了自动化设备提升了生产效率而节省出来的，也保证了产品价格在市场中的竞争优势。与此同时，自动化设备的出现也要求每年有 50 个岗位需要精简、取消，从而降低了劳动力成本。

在工业 4.0 时代，工业自动化利用原来的自动化技术和架构，使得设备从传感器到因特网的通信实现了无缝对接，最终建立了一个高度灵活、个性化和数字化，并且融合了产品与服务的生产模式，即工业自动化技术正在向智能化、网络化、集成化的方向发展。在工业 4.0 的趋势下，全球涌现出了诸多自动化创业公司和企业。

由于工业自动化技术是一种运用控制理论、仪器仪表、计算机和其他信息技术对生产过程进行检测、控制、优化、调度、管理和决策，从而达到增加产量、提高质量、降低消耗、确保安全等目的的综合性技术。虽然自动化系统对于制造业并不会直接创造效益，但是对与制造业的生产制造具有很大的潜在价值，具有明显的提升作用。

首先，提高劳动生产率

随着自动化程度的不断提高，无论是追求高速、大批量生产的企业，还是追求灵活性、柔性的定制化企业，都离不开自动化的基础应用。如今，生产制造已经从商品经济时代转向了服务经济时代，从而实现了大规模定制。换句话说，就是产品生产转向了快速大批量个性化定制，并已经成为了世界生产制造业的发展趋势。这样就需要各个企业具备很高的自动化水平，才能解决生产效率的问题。自动化技术与现代工业企业的关系越来越紧密，并成为了制造业企业得以生存和发展的基础。

其次，提高生产过程的安全性

以人为本是企业进行生产的最基本的条件。自动化技术的出现取代了部分人力劳动，如石化工厂、化工工厂、也进工厂、交通工厂、建筑工厂等，在高难度、高危险的环境下，工作人员就可以远离危险环境、作业，从而实现工厂安全生产与管理，从而提高生产过程的安全性。

最后，减少生产过程中能源和原材料的消耗

如今，工业文明回归绿色自然已经成为了制造业生产的趋势。绿色文明的生产制造有利于能源高效清洁以及循环使用，达到最小化影响环境的目的。然而，在工业生产过程中，除了使用先进的工艺和设备来实现节能降耗、优化资源以外，还必须采用先进的自动化系统。目前，已经有诸多制造业企业开始采用先进的工业自动化解决方案，有效地控制了生产过程中废气的排放，降低了能源的消耗，改善了节能减排的薄弱环节。工业自动化的节能减排已经在诸多领域开始应用，包括铸造、冶金、汽车、电子等领域，并且取得了显著成效。这也充分证明，工业自动化是实现节能减排的必要手段。

由于工业 4.0 所强调的就是利用智能化生产实现生产效率的提高、生产过程中安全性的提高、生产过程中能源和原材料消耗的减少，工业自动化为工业 4.0 的智能制造提供了良好的契机。因此，工业自动化也正是启动工业 4.0 的基础。

⚙ 工业 4.0 的核心：工业软件

提到工业 4.0，其实无论是其定义中的"智能工厂""信息物理系统"，还是"工业自动化"，都离不开相应的工业软件研发。优秀的软件有助于工业 4.0 的顺利发展，可以说工业软件是工业 4.0 的核心。

实际上，工业 4.0 的智能制造与软件技术的关系密不可分。工业 4.0 的本质是基于"信息物理系统"实现"智能工厂"。从生产设备方面来讲，通过嵌入不同的传感器进行实时感知，通过互联网、大数据等对整个过程进行精确控制；从生产管理方面来讲，通过利用互联网技术、云计算、大数据、工业软件、管理软件等的结合体服务于互联网，实现物理设备的信息感知、网络通信、精确控制和远程协作；从信息技术方面来讲，工业 4.0 所涉及的关键技术就是信息技术，而只有拥有了高水平的工业软件才能实现工业制造业。

所谓工业软件是指专门为工业领域所使用的软件，具体包括系统、应用、嵌入式、中间件等。工业软件总体上可以分为两大类。

第一类是用于植入到硬件产品或者生产设备中的嵌入式软件

嵌入式软件细分为操作系统、嵌入式数据库和开发工具、应用软件等，将其植入到硬件产品或生产设备的系统之中，可以利用其对各种设备和系统的运行情况进行自动化、智能化的控制、监测、管理。这一功能被应用于工业 4.0 的设备和系统监控等。

工业软件对于我国青岛的发展具有重要的意义，推动了青岛从"制造大市"迈向了"制造强市"的发展。得益于雄厚的家电制造业，嵌入式软件成为青岛提高行业制造业水平的一大亮点。2014 年，青岛市软件产品、系统集成、信息技术咨询服务、数据处理和运营服务、嵌入式系统软件、IC 开发六个细分行业的业务创收分别为 69.3 亿元、185.7 亿元、172.3 亿元、181.4 亿元、392.4 亿元、37.9 亿元。从中不难发现嵌入式软件在业务创收份额中独占鳌头。2015 年 1—5 月，青岛制造业应用嵌入式软件创收 158.01 亿元，同比增长了 22.7%。由此可见，嵌入式软件在工业制造过程中意义重大，成为发展制造业的核心部分。

第二类是应用于工业领域对生产制造进行业务管理的专用工程软件

例如，在产品生命周期管理系统中，从产品研发、产品设计、产品生产、产品库存、产品运输等各个环节对产品全生命周期进行管理。这些也都应用于工业 4.0 的产品生产制造的过程中。

因此，可以说工业软件在工业 4.0 时代的应用，使得其自身提高到了前所未有的高度。工业 4.0 的各个生产制造环节中都应用了工业软件，从供应链管理、产品设计、生产管理、企业管理四个方面，提升了制造工厂的生产效率，优化了生产过程。在工业 4.0 中囊括了生产数据、产业链管理、产品生命周期管理、计算机辅助设计等一些列软件系统以及数据处理系统，这些软件系统和数据处理系统能够将各种分散的信息聚集在一起，并对聚集的数据信息深入分析，从而解决了产品生命周期的不断缩短、客户定制产品要求多样等多方面的问题，最终决定了成型产品应当具有的特点。

在工业 4.0 时代，生产制造出的每一个产品都有自己特殊的使命，承载了整个供应链和生命周期中所需的各种信息，从而实现产品的追根朔源，如在产品在进行研发设计之前就对消费者的个人爱好、购买习惯等数据进行了收集，这些数据是对成型产品特点的最好描述。除此以外，该产品还被"刻"入了消费者性别、年龄、地域等相关信息，因此赋予了该产品"身份"；只要拿出一件产品，就可以根据其"身份"判定其运输方向，以及其应当归属的"主人"是谁等。每个生产设备将由整个生产价值链所集成，实现自律组织生产。智能工厂可以灵活地决定其产品的生产过程，不同的生产设备之间既可以相互协同生产，又可以各司其职，快速解决自身遇到的外部问题……然而，这一切的实现，归根结底还是软件技术应用的结果。

因此，可以说，工业 4.0 时代，工业软件在生产制造过程中起到了绝大部分的作用。全球正在轰轰烈烈地进行一场以信息网络、智能制造为代表的新一轮技术创新浪潮，即工业 4.0 的技术变革。在这场变革中，传统的行业界限将消失，与此同时，更多的全新的领域和业态将逐渐出现。在制造业创造新价值的过程中，软件系统也随之发生变化，实现了产业链分工重组。工业软件贯穿于整个工业 4.0 的生产制造过程中，也正是工业软件推动了工业 4.0 的发展，因此，工业软件是工业 4.0 发展的核心所在。

⚙ 工业 4.0 的保障：人才培养

可以预见，在工业 4.0 时代，众多传统企业界限将被打破，产业链将被分工、重组，由此而引发一场生产力的颠覆性变革。这场变革更加强调智能化，智能化生产成为工业 4.0 的主题。而人的作用将逐渐被智能机器所取代，那么是不是有了智能机器的存在，人类就可以被其完全替代进而在智能制造生产过程中全部消失呢？答案是否定的。无论工业 4.0 时代生产技术有多么发达，人类已然在整个生产过程中具有不可忽视的作用，是整个工业 4.0 发展的主导力量，**而人才的培养则是工业 4.0 得以顺利发展的保障。**

诚然，工业 4.0 时代，智能制造过程中，自接到客户订单，到根据订单数据选择原材料、原材料被运送到工厂、分配到相应的生产线、进行生产制作、入库、运送到制定地点等一系列制造环节都没有人的出现，都是由智能设备之间通过"对话""交涉"来完成的，但是这并不意味着工厂里没有一个工人对整个车间进行整体管理。

实际上，在工业 4.0 时代，人的作用和角色发生了极大的变化。人在工业

4.0 时代虽然在很多生产制造环节中被机器所代替，但是人并没有在整个生产制造环节中消失，而是转向了其他方面的创新和问题的解决、管理、决策等方面，更加注重的是保证机器更好地为生产服务、带来更大的业务的增值等，而不是像传统工业中一味地进行体力劳动。

在工业 4.0 时代，上下级员工的界限将逐渐模糊，那时候，生产制造车间的所有人员的工作都对智能设备的运行情况进行监控，并且对出现的问题制定解决方案，因此，人在整个过程中充当着管理者、规划者、决策者、协调者、评估者的角色。这也正是工业 4.0 培养人才的方向。

成为一个合格的管理者、规划者、决策者、协调者抑或是评估者，就必然对其各方面素质提出了极高的要求。

首先，在未来的智能生产过程中，人的重要性要更加凸显化，即便是拥有最为先进的工业软件和最好的信息系统，如果没有人对其进行规划、管理、控制，整个生产系统也不会将其应有的功效发挥到最大化。

其次，拥有创新能力的新型、复合型人才，企业才能够研发出最好的产品，并且创造出最为优质的生产机制。

最后，工业 4.0 时代，作为一个合格的发展型人才，就必须拥有过人的机智、独到的眼光、清醒的头脑，在遇到问题的时候能够独立自主、迅速敏捷地做出果断的决策和决定。

那么工业 4.0 时代究竟需要什么样的人才呢？

第一类，交叉人才

作为交叉人才仅专长于一门学科或者一个领域是远远不够的，还应当对机械工程学、计算学科、物联网、互联网等各种学科和技术领域都能够融会贯通、交叉使用。在工业 4.0 时代，这样的交叉人才是最为炙手可热的人才，因此，其需求量也将大幅增长。

第二类，数据专家

在工业 4.0 时代，数据则是其发展的主导力量。因此，届时数据专家在发展工业 4.0 的过程中具有举足轻重的作用。数据科学家在工业 4.0 的发展中的岗位职责主要是分析平台与算法、软件和网络安全，主要的工作内容是统计、数据工程、模式识别与学习、先进计算、不确定性建模、数据管理即可视化等。

第三类，用户界面专家

在工业 4.0 时代，人机交互活动加强，用户界面专家能够根据所需获得的产出目标，高效地整合最低投入所需的硬件和软件资源或者最小化机器设备的不必要产出，从而达成目标的实现。

那么，又当如何才能通过培养获得这样的人才呢？

工业 4.0 的出现，由于极大地改变了人在整个生产环节所起到的作用，因此极大地改变了人才需求，也改变了传统人才的发展方向。只有努力通过学习，并且与工业 4.0 的工作岗位需求相匹配，才能真正成为工业 4.0 时代的人才。

一方面，加强跨学科交流与合作

结合工业 4.0 时代的发展情况，软件和无线网络的飞速发展，对于优秀的机械、电子、计算机工程师的需求越来越多，但与此同时这方面的人才显得更加欠缺。工业 4.0 时代，在智能制造过程中各学科的交叉使用，就对人才的要求越来越苛刻，作为工业 4.0 时代的人才就必须能够站在不同学科的立场上，又能够将各个学科更好地融合在一起，用综合的眼光来看待所有问题，并能够独立提出解决方案。

另一方面，建立与高校间的合作关系

在工业 4.0 时代，越来越需要能够在多领域、多学科之间能够胜任各种工业岗位的复合型人才，但是这样的人才是很难通过后期企业培训达到企业需求的。而高校作为人才培养的摇篮，平时对各学科学习课程的深入钻研，再加上通常高校会开展诸如由工作实习和进修课程组成的短期培训项目，这样就加强了高校学生的实际操作技能以及各个学科间的融合，从而让学生更加具有工业4.0 人才需求的潜质。**企业跟高校达成合作关系，将会获得工业 4.0 时代所需的具有创新能力的复合型人才。**

2015 年 3 月，第十二届全国人民代表大会第三次会议在北京举行，会上提出了我国实施《中国制造 2025》的战略目标："促进工业化和信息化的深度融合，开发利用网络化、数字化、智能化等技术，着力在一些关键领域抢占先机，取得突破。"然而要实现这些伟大的规划是离不开人才培养的，特别是离不开对高等教育的改革。目前，我国高等院校对于全方位人才的培养还是比较欠缺的。在推动我国工业发展的中坚力量中，大多数人还是在工科大学毕业之后经过后期的实践探索成长起来的。为此，我国正在大力加强工科复合型人才的培养。目前，我国工程教育规模已经居世界第一，我国现有的工科专业本科高校有 1047 所，占本科高校总数的 91.5%；高等工科专业的专科学校有 14085 所，占所有专科学校总数的 32%；高等工科本科在校生 452.3 万人，占全国高校本科生人数的 32%。

毋庸置疑，人才的培养是工业 4.0 得以顺利发展的保障。在工业 4.0 时代，人才的培养将会成为一项重要的课题。

读书笔记

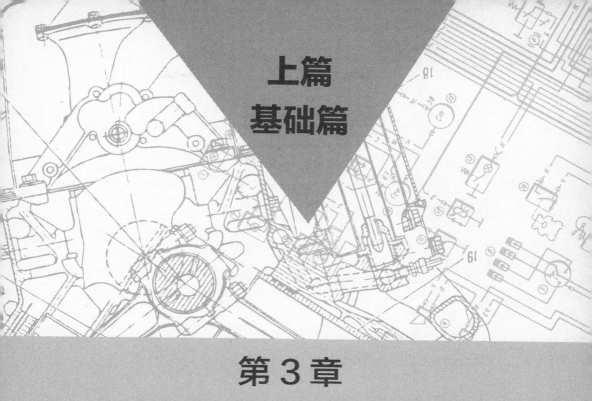

上篇
基础篇

第 3 章
工业 4.0 产品生命周期管理的 3 个核心

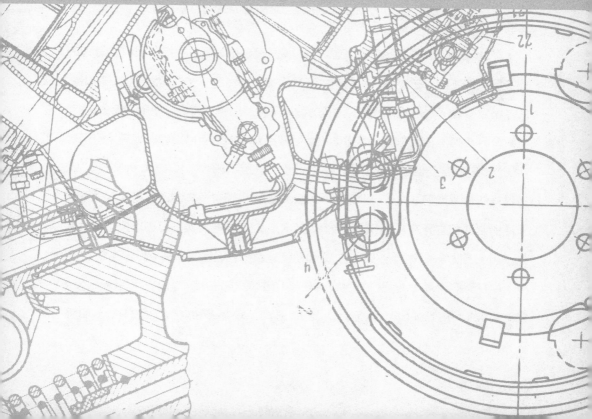

MES（制造执行系统）

工业 4.0 是全球工业发展的愿景，作为工业 4.0 产品生命周期管理的核心之一，MES（Manufacturing Execution System，制造执行系统）即制造业企业生产车间的执行层在生产过程中执行生产信息化管理的系统。

工业 4.0 代表的是第四次工业革命，是产品生命周期中整个组织、管理的一次巨大的飞跃。在过去，所有的生产过程都是线性的，如今网络的出现使得生产过程变得复杂化，因此产品的型号的数量和种类也越来越多，使用了大量数据。以汽车行业为例，汽车的产品部类和型号在不断增加，而且人们已经开始使用数字化方式打造属于自己的梦想之车，可以拥有自己喜欢的轮胎、内饰、外饰等配置。在这样的大背景下，汽车行业的竞争必然加剧，也使得汽车制造业需要实现更加灵活的制造和生产方式，不仅需要有数字化，还需要把现实制造和虚拟呈现融合在一起。因此，一种全新的产品生命周期管理系统就诞生了，即 MES 系统。

MES 系统最早是在 20 世纪 90 年代由美国的 AMR 公司（Advanced Manufacturing Research，Inc.）提出来的。该系统提出的目的在于加强

MRP 计划[①]的执行功能，通过执行系统将 MRP 计划同车间作业现场控制（包括数据采集器、条形码、检测仪器、机械手等）结合起来。

MES 系统主要是在车间作业计划中使用，该系统充实了软件在车间控制和车间调度方面的功能，从而适应车间现场环境多变情况下的各种需求。实际上，MES 系统是用来进行生产进度、库存情况、工作进度、进出车间的操作管理等跟踪的信息流。

在以前，一条生产流水线上的每个节点都是由人工手动操作完成的，其数据也是通过工作人员在 MES 系统上操作完成记录的。然而在工业 4.0 时代，这种方式有所改变，是通过自动化来完成的。目前越来越多的企业管理已经意识到 MES 在现代企业的生产和管理中的重要性，并着手规划 MES 系统，以实现数字化生产模式的快速转型。

41

2014 年，西门子为了加强自身的 MES 系统，并进一步提升自己在全球工业供应链中的竞争力，斥巨资收购了在 MES 领域一直保持全球领导地位的 Camstar 公司。

Camstar 公司在电子、半导体、机械制造、医疗设备、太阳能等行业有着雄厚的应用实施经验，曾为 IBM、SanDisk、日立、雅培、飞利浦等全球优秀客户实施了制造执行和质量解决方案。Camstar 公司在生产过程中可以利用 MES 系统根据客户需求的变化进行实时调整，在为客户提供的解决方案中，90% 的用户对其表示非常满意，之后再对客户化的本地系统进行调整，实现了业务的快速交付。SanDisk 之前从产品开发到实施需要 9—18 个月才能完成的任务，在与

---

① MRP 计划：即物料需求计划，是根据市场需求预测和顾客订单制订产品的生产计划，然后基于产品生成进度计划，组成产品的材料结构表和库存状况，通过计算机计算所需物料的需求量和需求时间，从而确定材料的加工进度和订货日程的一种实用技术。

Camstar 公司在合作之后，仅花了 60 天就完成了整个生产过程。

西门子正是看到了 Camstar 公司在 MES 系统方面的巨大优势和潜在价值，所以对 Camstar 公司进行收购来实现自己的 MES 实力，并实现自己的战略目标。

特点

MES 作为制造执行与控制管理系统，在制造过程及过程控制的复杂性和专有性有所不同的时候，MES 系统的形态也随之表现出一定的差异性，其应用模式可能会完全不同。因此，这些客观因素就会导致 MES 产品和服务呈现多样化的特点。但是，正是 MES 具有多样化、复杂化、特殊化的特点，使其在制造业领域扮演着重要的角色，并且在企业生产制造过程中出现的频率越来越高。

优势

MES 系统可以通过信息传递对从订单下达到产品完成的整个生产过程进行优化管理。MES 还可以实现生产数据的采集和跟踪、物料管理、生产监控、质量追溯等，这样，企业的管理者只需下达生产指令，生产车间就可以按照指令有序进行生产。一旦工厂车间出现实时事件，MES 系统就能够对此及时做出反应、报告，并且可以很好地利用当前有效数据来指导和处理突发事件。MES 的这种快速反应能力可以有效地控制生产车间的生产运作过程，从而使企业不但可以提高及时交货的能力，改善物料的流通性能，而且还可以提高生产回报率。

分类

MES 系统可以分为两大类。

第一类是专用 MES 系统。该系统主要是针对某个特定领域的问题而研发的系统，如车间维护、生产监控、生产调度等。

第二类是集成 MES 系统。这类系统最初是针对一个特定的、规范化的环境设计的，现在已经逐渐扩展到了其他诸多领域，包括航空、装配、半导体、食品等诸多行业。在功能上，该系统已经实现了与上层事务处理和下层实时控制系统的集成。

这两类 MES 系统各具利弊：专用 MES 系统可以在某一特定环节提供最好的性能，但却仅仅限制在单一领域中使用，因此也难以实现与其他应用的集成；集成 MES 系统虽然比专用 MES 系统的功能有了很大程度上的提升，使得单一的逻辑数据库、系统内聚具有良好的集成性成为其最大的优势，但是其整个系统重构性能却并不强，很难在业务过程出现变化的时候进行功能配置和动态改变。

在工业 4.0 时代，伴随着物联网技术的不断发展，MES 系统将会给制造业企业带来更加重要的作用，自动化层和 MES 之间的对接的重要性和无缝化将更加凸显，与此同时，企业利用 MES 系统还可以加快柔性生产的实现。

对于工业 4.0 时代而言，与传统生产制造之间最大的区别在于"智能工厂"的建立，智能工厂的出现对于传统生产系统的属性和参数进行了彻底改变。因此，为了适应当前受到影响的生产系统，包括本地系统以及生产过程中的其他生产系统，全新的生产管理系统必将诞生。因此，工业 4.0 时代，不仅意味着生产系统的属性和参数的改变，也意味着生产管理系统的改变以及组织结构的调整。MES 系统在工业 4.0 的智能制造方面不仅仅限于收集、分析实时数据，更重要的是具备实现协同智能决策的能力，以及调整制造执行过程的能力。所以，在工业 4.0 时代，利用 MES 系统将大力推进制造业企业实现智能生产，助其打造智慧工厂。

⚙ 虚拟与现实相结合

全球原材料价格不断上涨、资源相对匮乏、市场竞争越来越激烈已经成为全球工业领域所面临的巨大挑战。制造业正在进入一场巨大的变革浪潮中，即第四次工业革命浪潮，德国将其称为工业 4.0 时代。工业 4.0 时代描绘了工业制造业的新蓝图：通过虚拟生产结合现实的生产方式，使得未来的制造业具有更加高效、灵活的生产方式。

虚拟与现实的结合也就是产品设计以及生产过程中的数字化世界和真实世界的相互融合。要实现这一点，就需要有效对应生产率越来越高、产品周期越来越短、产品类型越来越多等诸多方面的挑战。

西门子工业业务领域首席执行官鲁思沃教授曾在中国工程院主办的交流会上表示："经济和技术的变化为全球制造业带来了巨大的转型和挑战，整个工业领域也正在经历一场制造业的大变革。通过虚拟生产结合现实的生产方式，未来制造业将实现更高的工程效率、更短的上市时间，以及更高的生产灵活性。在工业 4.0 时代，虚拟世界将与现实世界相融合。通过计算、自主控制和联网，人、机器、信息能够互相联接，融为一体。"

鲁思沃教授的这番话道出了在未来工业 4.0 时代，虚拟与现实相结合的生产方式必将成为重中之重。

西门子的制造业已经实现了向数字制造的转型。西门子的数字化企业解决方案将虚拟与现实生产相结合，着力推动未来制造业的发展。其持续的创新能力、完善的产品生产线以及丰富化的行业知识，为德国的工业 4.0 的到来奠定了坚实的基础。

目前西门子在我国成都建成了首家数字化企业，即西门子工业自动化产品生产、研发基地。该基地将数字化、自动化、绿色化、虚拟化作为其可持续发展的动力，是一家典型的数字化企业，真正地实现了虚拟与现实相结合的生产方式。

在虚拟与现实相结合的时代，产生了一种新兴的技术门类，即虚拟现实技术。虚拟现实技术最重要的应用方向就是仿真技术与计算机图形学、传感技术、网络技术等多种技术相结合的一门前沿学科。

虚拟现实技术主要用于模拟环境、感知、自然技能等方面。如模拟环境是偶计算机生成的三维立体逼真图像。自然技能是指人的头部转动、眼睛、手势或其他部位的动作，由计算机来处理与参与者的动作相适应的数据，并对用户的输入动作做出实时响应，分别反馈给用户的感官器官。

因此，虚拟现实技术的应用也凸显了其具有的与众不同的特征。

1. **多感知性**：除计算机通常所具有的视觉感知外，还拥有听觉、触觉、运动、味觉、嗅觉等方面的感知。通常，理想的虚拟现实具有一切感知功能。

2. **存在感**：即用户在模拟环境中能够感觉到其自身作为主角而存在的真实程度。理想的模拟环境往往达到使用户难辨真假的程度。

3. **交互性**：是指用户对于模拟环境内的所有物体的可操作性和从环境得到的反馈程度。

4. **自主性**：即虚拟环境中的物体按照现实世界物体运动的动作程度。

基于这些特点，虚拟现实技术被用于诸多领域，如医学、娱乐、军事航天、室内设计、房产开发、工业仿真等领域。具体来讲，虚拟现实技术在产品生命不同的阶段都有所应用。

首先，在进行产品设计的概念阶段，通常为了更好地观察产品在市场上的使用情况以及了解用户使用后的信息反馈，就需要把产品放入到一定的环境中进行观察和分析，这时就需要利用虚拟现实技术制造一种虚拟环境，使用者需要借用头盔显示器、数据手套等与虚拟产品实现交互。这样就可以通过获得的用户细腻反馈意见明确客户需求，从而发现不足，对产品进行改进和完善，使产品设计达到最优的效果。

其次，在制造设计阶段，利用计算接生成的虚拟装配环境，对产品的装配过程进行仿真模拟，对装配过程和装配结果进行分析和评估。虚拟装配代替实物装配，有效地完善了产品装配的工艺，更重要的是缩短了产品研发的周期，提高了产品质量，也避免了原材料的浪费，很大程度上降低了研发成本。

再次，在产品测试阶段，较传统的产品开发流程，虚拟现实技术下已经无需先生产实体模型后进行测试，而是在产品开发的不同阶段就可以对数字化产品进行并行测试，可以不同层次、不同角度进行多参数的测试和修改。

最后，在产品推广和用户体验阶段，虚拟网购成为了虚拟现实技术在产品推广和用户体验中的典型应用，这种全新的销售方式扩大了产品的销售范围。

世界工业发生了前所未有的变化，各种技术纷纷涌现，尤其是虚拟现实技术在工业制造业中的使用，给工业带来了重大变革。虚拟现实技术对企业提高开发效率，加强采集、分析、处理数据的能力，降低企业风险等起到了重要的作用。

以美国为代表的发达国家非常重视虚拟与现实的结合，利用仿真技术发展其军事、电力、车辆运输、石化工业等。

我国在十一届全国人大第一次会议上的《政府工作报告》中就指出，要坚持中国特色的新型工业化道路，推进信息化与工业化的融合，而信息化和工业化的融合就是通过虚拟与现实相结合，利用虚拟现实技术来实现产品设计与技术的创新。

虚拟现实技术在工业领域的应用主要有化工系统模拟、汽车制造系统模拟、机械系统等。其在工业上的应用通常被称为产品功能演示、工业仿真演示、数字样板间演示、化工系统仿真、机械系统仿真等。

我国中视典数字科技首推工业领域的专业仿真系统——VRP-PHYSICS 系统，是国内高端工业仿真的虚拟现实物理系统引擎。该引擎具有强大的物理实时计算能力、便捷的开发方式、成熟的功能定制，成为工业仿真领域最完美的创意方案，给工业领域的发展注入了全新的活力。

未来，虚拟现实技术的触角必将伸向各个领域，虚拟与现实的结合将更加紧密，并且使得产品生命周期管理，包括从最初的产品设计、生产规划到生产的实施，并最终到用户体验都得到优化。

⚙ 信息物理融合系统

众所周知，德国在全球制造业拥有着领先地位和优势，德国之所以有这样的成绩关键在于其强大的信息技术领域的创新能力，尤其是嵌入式系统和自动化工程方面具有雄厚的技术实力。德国工业生产正如火如荼地全面进入工业 4.0 时代，并在其工业 4.0 战略中提出："由物联网等新兴技术推动的第四次工业革命，这一革命时代的重大技术是信息物理融合系统。"德国的制造业一直研究的都是有关信息物理融合系统在智能工厂生产制造过程中的应用。

在工业 4.0 的整个制造业领域，信息化、数字化、自动化将贯穿于整个产品生命周期中，信息物理融合系统将在产品生命周期中帮助企业在物理世界和数字世界中发展得游刃有余。

事实上，智能工厂或者工业 4.0 都是从嵌入式系统向信息物理融合系统发展的技术进化，即嵌入式系统→智能型嵌入式系统→智能及合作型嵌入式系统→成体系系统→信息物理融合系统，如图 3-1 所示。

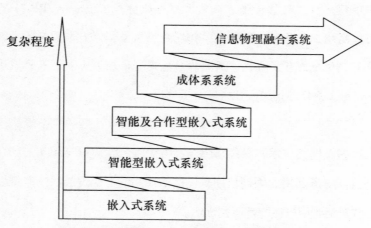

图 3-1　嵌入式系统向信息物理融合系统的演化

所谓信息物理融合系统（CPS），其实是一个集合计算、网络和物理环境的多维复杂系统通过 3C 技术，即通信技术（Communication）、计算机技术（Computer）和控制技术（Control）的有机融合与深度协作，实现大型工程系统的实时感知、动态控制和信息服务。

实际上，工业 4.0 的生产模式是从"集中型"向"分散型"的转变，这种模式使得传统的生产过程发生了颠覆性的变革。分散型智能体现的是生产制造过程的虚拟世界与现实世界之间的一种交互关系，因此在构建智能物体网络中发挥着重要作用。在未来的工业 4.0 时代，制造业所生产的不再是机械化的加工产品，而是通过产品自带的身份信息向机械设备传达一种正确操作的执行指令，让冰冷的机械设备变得更加智能化，能够知道自己所处的位置、接下来要做什么、如何根据外部环境做出正确的反应、如何能够快速适应实时动态、如何能够在一定程度上优化自己的行为等。

举一个简单的例子。拿智能手机和固定电话来比较，智能手机自然显得比固定电话要"聪明"。即便是人们也用智能手机打电话，但是电话功能仅是人们看来极为次要的一个功能。对于智能手机而言，其最重要的功能就是可以利用互联网实现无线连接。基于此，人们可以利用智能手机进行网上冲浪以及其他与互联网有关的活动，包括可以随时随地收发邮件、通过 GPS 导航知道自己所在的位置等。此外，还可以下载诸多的 App 小型软件，实现了人们几乎所有想得到的外延功能，因此也使得智能手机更加智能化。

49

通过这个简单的例子，我们不难发现，智能手机之所以智能，关键还在于其内部系统的作用。而信息物理融合系统也犹如智能手机系统一样，使得整个制造工厂、制造车间、制造环节都被赋予了智能，也正是信息物理融合系统使得计算、网络和物理环境相结合，创造了一个真正的网络世界，实现了嵌入式系统的进一步进化。简单来讲，**信息物理融合系统实现了数字世界和机械设备**

与物理世界的交互关系，最终实现生产过程的可控和可调。

　　信息物理融合系统具有适应性强、自主性强的特点，并且具有高效性、功能性、安全性。基于此，信息物理融合系统目前被广泛应用于智能家居、智能交通控制、汽车系统、能源储备、环境监控、航空电子、防御系统、加工制造、智能建筑等诸多领域，使得各领域的全新价值链发生了巨大的变化。

上篇
基础篇

第 4 章

第四次工业革命的本质

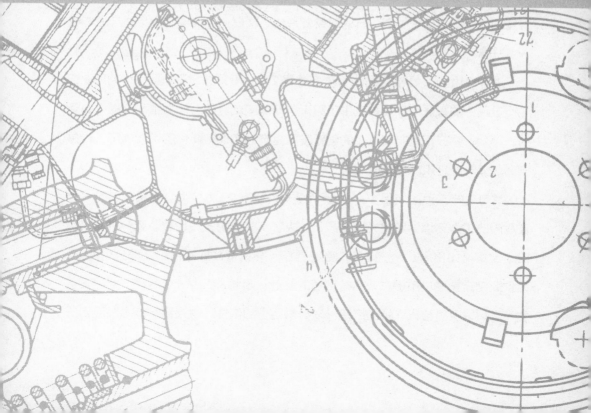

⚙ 新工具：智慧生产工具及机器人革命

生产工具作为生产过程中用来加工劳动对象的物件，一直都在人类的生产制造过程中不断发生着变化。从最原始的石斧、弓箭，逐渐演变为现代的智能机器、技术设备等，生产工具的日益复杂化、精良化，推动了社会生产力的进一步发展。

进入 21 世纪，最重要的一场变革就是工业 4.0 的技术革新，使得制造业在生产过程中的每一个环节都发生了翻天覆地的变化。然而作为生产过程中必备的一部分，生产工具向智能化的创新发展是产品实现智能化的重要保障，也是制造业迈向工业 4.0 的重要一步。

智慧生产工具的使用，一方面可以节省大量的人力物力，更重要的是可以在危险的工作环境中取代人工生产，减少了不必要的人员伤亡。另一方面可以自动收集诸如生产、环境等各方面的数据，并具备数据保存和处理分析能力，为企业制定投资决策提供非常有价值的参考。因此，工业 4.0 时代，利用智慧生产工具以及机器人进行生产是一项非常明智的选择，也是科学技术发展到一定程度的必然产物。智慧生产工具和机器人的出现为现代工业创造了一个全新的发展平台，给现代生产制造业提供了一个新机遇。

据相关数据统计，目前全球机器人贸易总额达到了 95 亿美元，另外加上相关软件、外围设备和系统工程等，贸易总额则上升为 290 亿美元。当前，制造业中，中国每 1 万名工人平均运作着近 30 台机器人，而韩国则为 437 台，日本为 323 台，美国为 152 台，德国为 282 台。由此可见，中国在机器人的密集度方面与其他工业化程度更高的国家相比则非常落后。为了进一步提高生产力和产品质量，并且加强我国在制造业领域的发展进程，国家将加大制造业使用机器人的扶持力度，因此诸多制造业企业开始加大机器人方面的投入。预计到 2017 年，我国的制造业工厂中使用的机器人数量将超过任何其他国家，达到 42.8 万台。

智慧生产工具在生产个性化产品的过程中，一方面要接受每个不同的待生产产品的生产需求信息，经过数据运算驱动生产；另一方面也要在生产过程中产生大量的数据信息，这些数据信息同样需要快速处理、传递、反馈到整个生产过程中，反馈到设备制造商、供应商、维修服务商等，使其生产更加智慧的、高品质的生产工具。这也正体现了智慧生产工具的"智慧"之处。

工业 4.0 时代的智慧生产工具必将在传统的自动化生产工具的基础上增加一定创新功能，可以实现产品生命周期管理、安全性、可追溯性、节能性等智能化要求。这些智慧生产工具以及机器人必将给生产线配置更多的传感器，从而让生产工具更加具备智慧的感知能力，将所感知到的信息通过无线网络传送到云计算数据中心，通过大数据分析快速进行决策，使得设备更加具有自律管理的能力，从另一个侧面体现了智慧生产工具的高端性能。

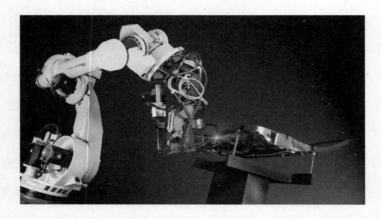

在工业 4.0 的生产制造过程中，生产线、生产工具中配备的传感器能够实时抓取数据，通过无线通信链接到互联网，并传输数据，达到了对整个生产过程进行实时监控的目的。在数据进行传输的过程中，实现了物理与信息系统的融合，形成了信息物理系统，使得生产大数据传到云计算数据中心进行存储、分析，之后形成决策，并最终反过来指导智慧生产工具的良性运作。生产工具的智能化直接决定了工业 4.0 所要求的智能化生产水平。

在工业 4.0 实现的过程中，智慧生产工具在生产制造过程中起到了举足轻重的作用，让生产制造全面实现了智能化。因此，可以说第四次工业革命也就是实现自动化生产工具向智慧生产工具及机器人转变的一场革命。

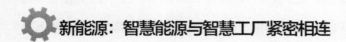 **新能源：智慧能源与智慧工厂紧密相连**

能源问题一直是全球人民极为关注的问题，世界各国的政府、机构、企业

不断寻找更好的能源来满足国家发展的需求。随着第四次工业革命的到来，传统的工业概念发生了巨大的变化，工业结构有了全面的调整，与此同时能源也有了进一步的革新，煤炭、石化等传统能源也逐渐被智慧能源所取代，并应用于智慧工厂进行智能制造。

"智慧能源"这个概念是在 2009 年，由包括 IBM 专家队伍在内的国际学术界所提出的。当时学术界机构建了一个互联互通可供数十亿人工作和生活的人类世界，并将其称为"智慧地球"，其中包括智慧机场、智慧银行、智慧铁路、智慧城市、智慧电力、智慧电网、智慧能源等理念，从而使整个人类社会达到"智慧"的状态。自此，"智慧 +"便传遍全球。

智慧能源可以说是随着工业 4.0 诞生的能源 4.0，是信息技术发展到一定程度上出现的全新形态。智慧能源并不仅在于新能源的开发和利用，而是在新能源基础上进行升华，让能源智能化，因此智慧能源是整个能源系统的转型与升级，即便是被公认的新能源，包括太阳能、海洋能、地热能、风能、核能等，都各具优势和不足，而智慧能源则将能源作为载体，并对其赋予智慧的能力，为各种工业生产注入"智慧"。智慧能源在智慧工厂中的应用，将为工业制造带来全新的能源格局，因此，使得工业生产组织实现了最优化，节省了能源的消耗，真正地实现了绿色环保。

诚然，移动互联网的去中心化、大数据的可预见性、物联网的无缝连接、云计算的超级运算等组合在一起，将碎片化、多元化的能源组成一个"能源互联网"，其中物联网是"智慧能源"的基础。而智慧工厂里，所有的生产设备都已智能化，通过互联网将人、机器、原材料、产品等联系在一起，进而实现互联互通。**智慧能源作为原材料的一部分，将与智慧工厂之间通过互联网实现紧密相连，从而推动了整个生产过程的智能化，以及最终产品的智能化。**

首先，智能工厂利用先进的传感器和软件应用程序，将能源生产端、能源传输端、能源消费端等数以千计的生产设备、使用端口等连接起来，形成一个巨大的能源生态系统。之后，大数据的分析能力，赐予了智慧能源独立思考的能力，使它可以独自完成资源数据、环境数据、气象数据、市场数据等诸多数据的整合。最后统一进行数据分析和运算，包括负荷预算、储备运算、转化运算、平衡运算等，使得能源成为一个有机的整体。

这也就意味着，工业 4.0 的智慧工厂不但可以实现多种能源的有机结合与叠加，而且还可以使能源从消耗到生产之间环环相扣，使得能源具备智能、协作、进化的特征，即使得能源成为智慧能源。

新运输：智能交通运输工具的崛起

自 20 世纪 90 年代以来，电子信息技术的发展越来越多地渗透到了交通运输领域，并逐渐兴起了一个崭新的发展领域，即 ITS 系统（Intelligent Transport System，智能交通运输系统）。智能交通运输系统是以交通运输为对象，在比较完善的交通基础设施条件下，利用先进的信息技术、数据通信传输技术、电子传感技术、电子控制技术以及计算机技术和系统综合技术的有效集成，并将其应用于整个运输系统，从而实现了安全交通、交运输效率交通、节能减排交通的目的。智能交通运输系统是一门综合性新型应用学科，由此便诞生了智能交通运输工具。

在工业 4.0 时代，智能交通运输工具的使用也是其发展的本质所在。智能交通运输工具的崛起使得工业领域的运输变得更加高效、安全、精准。智能汽车的出现将彻底改变传统意义上的运输的概念。

传统的汽车都需要有人驾驶，往往会由于驾驶员的一时疏忽或失误操作而带来安全隐患。而智能汽车将这种情况彻底改变，智能汽车在普通汽车的基础上增加了先进的传感器（包括雷达、摄像）、控制器等装置，通过传感器系统和信息终端实现与车、路、人之间的信息交换，因此车辆能够在行驶的过程中自动感知外部环境，能够自动分析车辆行驶的安全及危险状况，并使车辆替代人来操作，按照人的意愿到达目的地。

所谓的感知就是能够把真实的世界转换成数字世界，通过输出结构化的数据，可以被人和智能设备所理解。智能汽车不但能够感知到人，还能感知到外部环境。

目前，在智能汽车领域已经有一款由车联网发布的 OBD 产品（On-Board Diagnostic，车载自动诊断系统）。该产品利用传感器、摄像机、手机以及街穿戴智能设备等，可以让车主实时跟踪车辆的状态。当车主进入汽车以后，手机与汽车融为一体，在手机上，汽车的车速、行驶方向、行驶轨迹等都一目了然。

随着信息技术的不断发展，智能汽车也有了质的飞跃，逐渐向无人驾驶汽车领域突破。

以 Google 无人驾驶汽车为例。目前 Google 无人驾驶汽车的行车距离已经超过了 30 万英里，其最大特点在于通过车载摄像机和雷达传感器、激光测距仪与大数据完美结合来完成驾驶任务。Google 无人驾驶汽车的车顶上安装了能够发射 64 束激光射线的扫描器，当激光遇到车辆周围的障碍物时，就自动反射回来，并以此计算出与障碍物之间的距离。

此外，在车的底部还有一个测量系统，通过该系统可以测量出车辆的加速度、角速度等数据，而后再利用 GPS 数据计算出车辆的具体位置，之后，所有的这些数据都与车载摄像机所捕获的图像一同输入计算机中，通过计算机高效地计算处理这些数据，然后迅速做出速度相应加减的判断，以保证车与车之间不会发生相撞事故。

另外，传统汽车在某些公路或桥梁上行驶时，必须缴纳通行费用，不但会因为排队而浪费行车时间，而且容易引起交通阻塞，导致耗油量增多，排放量增加。为此，应用电子技术研发出的不停车的电子收费系统，成为了智能汽车运输系统的一个子系统。

智能交通运输工具结合了先进的交通管理系统、车辆自动识别系统、电子导航系统、全球卫星定位系统、自动公路系统、运营汽车服务系统、先进的乡镇运输系统等，全方位发挥智能汽车的实时、精准、高效的运输需求。这是现代信息技术发展的产物，也是工业 4.0 时代的需要，从而实现精细化的运输管理，以及零死亡、零拥堵、零污染的目标。

新维度：虚时空到实时空维度的转变

工业 4.0 其实是一场利用互联网、物联网等与 3D 打印技术相结合组成的数字制造网，通过众包①等方式使社会民众充分参与产品的全部生命制造过程，促成个性化、实时化、经济化的生产和消费模式，从而使得传统的制造业能够转变为主动感知并响应用户大规模定制需求的智能制造。这也是工业 4.0 实现从三维实时空到虚时空转变的必然。

工业 4.0 被称为第四次工业革命，因此其本质上是第三次工业革命的延续和演化。20 世纪 80 年代，第一代 3D 打印机诞生，最早是以打印模型为主。随后，第二代 3D 打印机诞生，也就是最近几年由快速成型发展到能够打印高精度的功能性产品阶段。

所谓 3D 打印技术（Three Dimensional Printing）即三维打印技术，是一种以数字模型文件为基础，利用粉末状金属或塑料等可黏合材料，通过逐层打印实现物体快速成型的技术。

3D 打印技术在工业 4.0 时代的应用是智能生产的一部分，是实现三维可视化的方式，也为机器自组织提供了技术支持。3D 打印过程分为 3 个步骤。

1. 三维设计

利用计算机建立虚拟软件模型，之后将三维模型分区成逐层的截面，即进行切片处理，之后指导打印机逐层打印。

2. 切片处理

打印机通过读取文件中的横截面信息，用粉状、液状、片状的材料将这些截面逐层进行打印，再将各截面黏合起来，形成实体。

3. 完成打印

3D 打印机分辨率已经足够高了，几乎可以在任何实体打印中使用，为了获

---

① 众包：指的是一个公司或机构把过去由员工执行的工作任务，以自由自愿的形式外包给非特定的（而且通常是大型的）大众网络的做法。

59

得更加高分辨率的物品，首先需要用 3D 打印机打出稍微大一点的事物，之后再将打印好的实物进行表面磨光，这样就可以获得表面光滑的分辨率更高的物品。

3D 打印技术在工业 4.0 中的使用，将虚拟的模型转化为实物，其特点就是将复杂的东西通过打印制造出来，因此在制造业企业中成为一种实实在在的制造技术。其他技术即便是经过数十年的努力也不过在结合复杂度上稍有改进，但是 3D 打印技术却一跃而起，解决了这个技术问题。

此外，3D 打印技术还突破了形状限制；实现比例任意缩放，重现物品细节；全程数字化，减少人工依赖；快捷成型、缩短生产周期，结构复杂，完美呈现；精而少，提升附加价值等特点。目前 3D 打印技术已经在众多领域，如航天航空、珠宝、鞋类、工业设计、建筑、汽车、教育、牙科等诸多领域开始广泛使用。

因此，如果说工业 4.0 是工业发展到一定阶段的必然结果，那么工业 4.0 的实现绝对离不开 3D 技术的强大支持。随着科技水平的不断提高，3D 打印技术也必将有一个较大跨度的迈进，工业制造不但摒弃了传统人力的繁杂工作，而且转向了采用三维建模 +3D 打印机来迅速生产所需产品，实现了高效性、高产性、精准性、智能性，也由此因为其在制造业生产中将虚拟模型变为现实物品的可行性与优越性而受到更多人的认可，使得工业产业升级变得水到渠成。如果未来工业 4.0 的制造业方面取得了快速的进步，那么 3D 打印技术则功不可没。

上篇
基础篇

第 5 章
工业 4.0 的革新分解

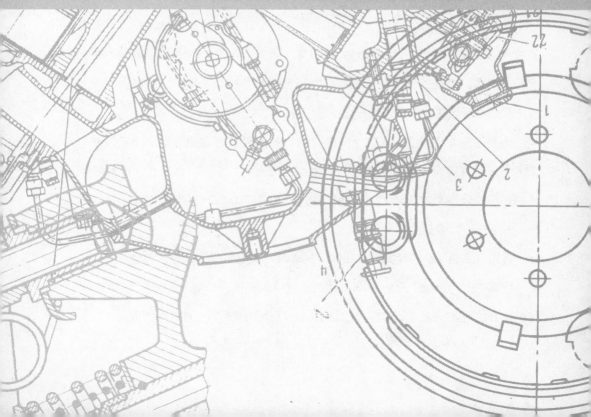

⚙ 产品创新的革新

一直以来，工业设计的核心就是产品设计，而产品设计的核心就是产品创新。尤其是进入工业 4. 时代，产品创新的重要性将更加凸显。

在工业 4.0 时代，科学技术飞速发展，人们的生活方式、价值观念等都有了极大的转变，对于生活质量的要求也有了进一步提升，因此对于产品也提出了新的要求。传统的产品功能已经不能满足消费者的消费需求，这样，制造业企业就要循着消费者的需求进行全新的设计，实现产品的创新。

德国工业 4.0 战略中实际上所包含的内容是通过智能制造满足消费者的个性化需求，并实现人类社会的可持续发展。因此，在工业 4.0 时代，产品所赋予的并不仅仅是其使用功能，更重要的是通过生产创新产品来实现全人类的生产、生活的巨大变革。

首先，工业 4.0 时代实现产品创新的革新，要遵循可持续设计理念

所谓的"可持续"理念实际上就是通过"人—机—环境"的相互协调统一，实现社会价值的同时又能够保护自然生态，从而促进人与自然共同繁荣。

就设计创新而言，本来就是为了让生活更加美好，保护环境和节能减排成为重中之重。工业 4.0 时代的可持续设计理念，一方面应当在产品达到特定功能的前提下，在材料、能源的使用过程中消耗得越少越好，生产制造应当不损害自然环境；另一方面应当使产品实现功能效果的同时，以人为本，结合人体生理状况，以人体健康为基础；另外，还要重视设计管理上的可持续性，主要针对产品的生命周期而言，包括两方面：一是产品的商业生命周期，二是产品的物理生命周期。产品的可持续设计应当满足这两方面在各个阶段的的资源合理配置。

其次，工业 4.0 时代实现产品创新的革新，要遵循人性化设计理念

工业产品设计的目的并不是为了生产而设计的，而是为了满足使用者的需求，让人的生活得更加舒适。因此，产品创新的革新要以人为主导。产品创新的设计者也是人，因此，设计者在进行产品创新的时候要把自身作为产品的使用者来考虑：

一方面，要从人的心理来考虑，如何才能让更多的使用者心理得到最大的满足，因此，工业 4.0 时代的产品创新设计实际上是完全出于人性化设计的，而并非设计师个人的风格爱好。

我国长虹集团设计研发了一款自动控制烟机风量、灶具火力的全新智能厨电产品。该产品具有一套完美的智厨系统，支持与 Android 设备、iOS 设备远程联控。这样那些在做饭过程中遇到急事而忘记关闭烟机或灶具而匆匆离去的人，就可以通过远程控制关闭烟机或灶具，从而降低烟机或灶具损坏以及带来的厨房安全隐患。此外，节假日在外的时候，还可以通过手机提醒用户通过远程控制打开烟机，对厨房进行换气处理，回家时就能够感受到新鲜的厨房空气。不但如此，长虹的这款智厨系统还内置了上千款全国各地的名菜食谱，并持续更新。如果你在外想吃某种菜，可以通过手机远程选择食谱中的任意一道，之后家人就可以通过烟机屏幕显示的食谱给你做出美味的食物。长虹的这款烟机实际上就是站在了使用者的角度，为使用者设计最具人性化的创新产品。

另一方面，要从人的生理来考虑，如何才能让生理有缺陷的人利用产品时得到最大限度的弥补。

从这两方面来看，工业 4.0 时代产品创新遵循的人性化设计理念已经成为评判产品是否真正创新的不变准则。

最后，工业 4.0 时代实现产品创新的革新，要遵循审美情趣的设计理念

每个人都有自己的审美观，因此也造成了对于产品创新设计的多元化要求。工业 4.0 时代，对于产品创新设计要从功能、材料、构造、公益、形态、装饰、色彩等多方面着手，既要满足功能方面的要求，又要满足审美情趣的需求。因此，在工业 4.0 时代的产品不但要求具有制造的可行性、可操作性，经济上的合理性、形态的艺术性，还要考虑视觉效果、听觉效果和触觉效果。只有融合了视觉、听觉、触觉审美在内的产品才能真正地算作工业 4.0 时代的产品创新。

拿机器人为例。在以前，我们所看到的机器人形态只是像设备一样。如今，越来越多的机器人设计融入了视觉、感官因素，让机器人更具有人的形态，看起来更加像人，成为了真正的"机器人"，这也正是与工业 4.0 时代的产品创新相吻合。未来的机器人则更加具有人的特点，除了智力、能力外，还会更多地融入表情、动作、语言、肤质等元素。

产品创新的革新始终是工业 4.0 的发展的核心，具有创新性的产品既是工业 4.0 发展的需求，也是未来满足人类生活需求的需要。

生产制造的革新

工业 4.0 的发展具有全球性特征，随着全球制造业市场的不断发展和变化，对于生产制造提出了新的要求和目标，生产制造的革新才能加快制造业企业以及市场的快速发展，从而推进工业 4.0 的发展进程。

在工业 4.0 时代，革新已经成为高热话题，生产制造的革新更是人们所关注的焦点。

首先，生产制造的革新源于危险意识

受到全球经济气候的影响，尤其是 2008 年金融危机的巨大冲击下，全球经济都处于惨淡经营的状态，加之原材料价格上涨，成本居高不下，物流费用越来越高，更加剧了同行业之间的竞争。在这种情况下，被市场淘汰的危机随之而来，越来越多的企业意识到革新的重要性。

随着互联网、云计算、大数据、物联网等技术的不断发展，人们所掌握的各种知识也越来越全面，越来越深，因此在危险意识的推动下，一些具有前瞻性的企业想方设法利用先进的技术进行创新，提升自身在国内同行业甚至国际市场竞争中的地位。

在工业 4.0 时代，生产制造的革新，可以为企业带来全新的生产模式，实现自动化、数字化、智能化生产，可以加速企业的发展，提升企业的竞争优势。因此，生产制造的革新对于实现工业 4.0 来讲具有必然性。

其次，生产制造的革新源于生产技术的创新

工业 4.0 的生产制造是以智能制造为核心，利用大数据分析、3D 打印技术等为特征的制造过程。在工业 4.0 时代，越来越多的创新生产技术诞生，如三维原型设计、制造仿真技术、3D 打印技术等，加速了生产制造过程中的分析和加工过程的优化；另外，通过利用大数据技术、互联网技术，可以充分收集海量的数据信息，并且对其进行精准分析，可以发现生产制造过程中的缺陷，从而进一步对其进行完善和改进，优化了产品设计和制造工艺；更重要的是通过数控机床的智能控制实现了精益生产。

自我国《中国制造 2025》战略颁布以来，全国加大了仿真技术在生产制造中的应用，因此，仿真技术也成为当下工业制造智能化、信息化转型过程中的首个创新体现。仿真技术为验证产品质量方面提供了方便。产品质量直接影响产品使用的安全性，更会影响到用户的人身安全，因此，诸多产品设计师，都会在安全方面进行认证。在进行汽车正面撞击实验的过程中，为了极大地降低试验成本，通常要用到仿真技术，如通过 C-NCAP100% 正碰分析、C-NCAP40%偏置碰分析、追尾碰撞分析、行李位移乘员防护装置性能分析等来模仿整个实验的过程，获得真实、精准的数据，来进行查漏补缺。这样既省去了物理样机测试所需的物质和时间成本，又能够优化生产流程，极大地提高生产效率，如图 5-1 所示。

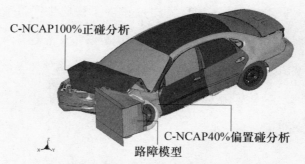

C-NCAP100%正碰分析

C-NCAP40%偏置碰分析

路障模型

图 5-1　仿真技术在汽车正面撞击实验中的应用

最后，生产制造的革新具有重要的意义

工业 4.0 时代，一切都要求"高效""精准""节能""精简"等，因此生产制造的革新也使得工业 4.0 在诸多方面达到了这些方面的要求。

1. **生产率高**：生产制造的革新使得生产过程全部使用自动化、智能化生产设备，因此也使得生产线上每天可以生产的产品有一定的数量可循，较传统的人工作业而言，智能化设备可以不间断进行作业，因此极大地提高了生产率。

2. **良品率高**：智能化设备取代了人工作业，则避免了因人为因素，包括心情不好、走神、不小心等原因造成的失误，使得产品不会因为人为失误而产生偏差，也由此提高了产品的良品率。

3. **仓库运送产品的准时性高**：全新的自动化、智能化生产设备可以在预定的时间内完成一定数量的产品制造，因此可以及时补充仓储的空缺，极大地提高了仓储的利用率，提高了仓储向销售商运送产品的准时率。

4. **减少人力及成本，降低危险系数**：传统的生产制造方式采用大量的人工作业，工业 4.0 时代，机器取代人工。一方面使得人从生产线上解放出来，可以去从事更加重要的工作。比如在后台对整个生产系统进行监控和管理，传统的危险工作由智能设备来完成，降低了工作人员在生产过程中的危险系数。另一方面由于一人可以同时监管多个智能生产设备的运行情况，因此就减少了以往的工作人员数量，从而也降低了人工费用。

生产制造的革新是实现工业 4.0 的重要环节，决定了整个生态链中包括产品、生产、物流、销售等诸多环节能否实现精细化管理，也是整个生态链能否井然有序进行的关键。

⚙ 供应链的革新

工业 4.0 的巨大浪潮下，在互联网和物联网的推波助澜下，不同行业的市场边界已经逐渐模糊、淡化，全球的企业都面临前所未有的挑战，企业供应链管理在导入自动化、智能化之后，也将进入全新的革新阶段。

工业 4.0 时代的供应链管理是以供应链联盟、动态优化和大数据分析为特征的供应链管理。因此，也就意味着工业 4.0 时代的供应链管理的侧重点就是信息集成、组织结构、战略联盟。

在传统的管理思维模式下，企业组织和部门通常追求的是其内部的自身利益，并且内部缺少相互之间的信息沟通和集成，这样就必然会导致某个组织或部门出现微小波动的时候就会给企业的整体发展计划带来巨大的不确定性。

举个简单的例子。拿汽车制造业来讲，如果汽车的设计研发部门出现了偏差，进而导致生产停止，那么这就会逐渐影响到供应链上下游的所有环节。如汽车制造供应链的上游，包括原件、材料供应商，以及供应链的下游，如汽车销售商。这样，整个汽车制造企业就会严重受到影响，出现产品供不应、库存的不足、供货周期偏长、服务水平下降等诸多不良现象。

工业 4.0 时代，供应链有了全面的革新，主要表现在以下几方面。

一方面，在供应链中投入服务化因素

随着市场竞争的不断加剧、科技水平的不断提高以及消费者需求的多样化，制造业企业的价值业务明显转向了服务化，主要分为投入的服务化和产出的服务化。企业对于服务化的重视，不仅影响了企业自身的经营管理，而且也影响了其整个供应链。这一点也正推动了工业 4.0 时代制造业企业由生产型制造向服务型制造的转变。关于这一点会在后面部分进行详细的论述。

这里我们回到服务化上来。投入服务化主要是使得传统供应链的采购和生产重心发生了改变，企业生产实现了外包，与此同时满足了供应商管理库存的需求。产出服务化将影响原来的分销与售后服务模式的转变，由此会使得下游供应链明显缩短，企业直接面向消费者，为消费者提供服务，中间省去了零售商的销售过程，使得制造业企业成为了"服务直销商"；另外，下游的分销商与零售商将逐渐被基于产品的服务合作伙伴所代替。实际上，产出服务化则更加能够增加企业的竞争优势，是提高其经营业绩的有效手段。

关于这一点，小米则是供应链革新的典范。小米的供应链模式采用的是"C2B 预售＋电商模式交易渠道扁平化＋快速供应链响应＋零库存"的模式。C2B 预售，即通过将传统的卖库存模式转变为卖 F 码，使得供应链上的资金流得到了重要的保障。与此同时，小米还在整个交易过程中采用扁平化方式，中间省去了零售商和分销商的步骤，直接通过线上购买才能获得小米手机。之后，再通过需求集约来驱动后端的整个供应链，后端的供应链组织大概在 2 ～ 3 周就可以满足消费者对产品的需求。这种供应链模式对于小米来说，几乎实现了零库存管理，每个动态的库存都属于消费者。

在投入服务化和产出服务化的共同作用下，新的供应链业务环节将逐渐缩短，业务流程也逐渐变短。研发外包、生产外包、服务外包伙伴则成为供应链中的新成员，流通伙伴从此被替除，供应链下游则直接面向终端市场，即消费者，如图 5-2 所示。

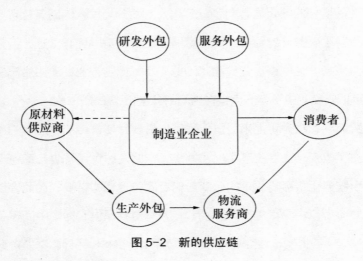

图 5-2　新的供应链

另一方面，在供应链中投入智能化

在传统的制造业生产模式中，供应商和制造业企业都需要为制造业的零部件或原材料的库存进行一定的成本支出。由于供应商和制造业企业之间的信息不对称和非自动的信息交换，因此只能采用按计划或库存量来进行生产，不具备任何灵活和高效的优势。

工业 4.0 时代，供应链中投入智能化，使得由供应商、生产商、分销商到消费者构成的供应链系统中的物流、资金流、信息流得到了动态协调、控制、优化，从而有效地降低了成本，提高了服务水平。

供应链中投入智能化使得制造业企业的产品库存量降低到最小化，也由此降低了库存成本以及生产成本。供应链中投入智能化要求企业之间的信息采用基于事件驱动的方式来进行实时信息的交换，并且对方同样可以做出实时的反应。供应链上的不同企业之间的运作与同一企业间的运作一样敏捷，从而可以不断变化，适应消费者需求的多样化。供应链中投入的智能化，供应链上的企业所获得的利益也必将更加巨大。另外，通过供应链上各企业之间的协同合作，必将降低制造成本、物流成本，还可以在一定程度上缩短制造周期，这势必使得为消费者所提供的服务得到了最大限度的保障。

工业 4.0 带来了供应链的革新，但是事物都有其两面性。虽然说实现了外包可以给企业双方带来巨大的经济效益，但是在外包的同时也极有可能会出现产业"空心化"，并由此导致失业率攀升。另外，并不是每个企业都能够像小米一样同时具有自我营销能力，在流通领域的经验不一定像小米一样丰富。因此，其从事服务营销的能力在短期内还是有限的，对于满足市场多样化需求还是具有一定的局限性的。因此，在工业 4.0 时代，真正实现供应链的革新，制造业企业还必须加强自身的能力培养，逐步分阶段向供应链全面革新推进。

营销的革新

工业 4.0 已经风靡全球，由此带来了私人定制的兴起，同时也带来了营销模式的革新，拉开了营销 4.0 的序幕。可以说，工业 4.0 时代的营销实际上是以互联网、社交、移动、大数据精准营销、O2O 营销为主导的云商时代的新整合营销。

云商时代的新整合营销，顾名思义就是在云端上完成整个交易过程，这主要得益于互联网的发展。

互联网的出现彻底重塑了商业的基本面貌，生活、生产、消费、工作、管理、营销等各个方面都发生了质的变化。这就使得人类史无前例地紧密联系在一起，从而实现了绕过所有传统中介，如电视、报纸、广播等的自由交流新媒体，从 PC 端到移动端，从微博到微信，以及家庭终端的无缝连接。然而，这种无缝连接技术就是云计算，也正是云计算才使得无缝连接、自由链接成为了可能，也推动了云商时代的出现。

云商时代的出现给农业、工业、信息经济带来了显著的变化，不但改变了商业生态，也改变了营销模式。尤其是进入工业 4.0 时代，这种改变则更为明显。

在 Web 2.0 时代，就随之出现了许多全新的商业营销形态，如免费、长尾、众包、搜索引擎等，回到制造业企业的发展上来，我们不难发现，Web 2.0 时代使得制造业企业的营销模式发生了彻底的改变，云生活方式改变了消费形态，也驱动了商业变革，推动了营销模式的变革。

此处，我们还以小米为例。小米公司实际上就是一个典型的例子，其产品营销就是通过口碑营销在互联网上进行传播，在互联网上开展活动，在互联网上形成饥饿营销，最终取代传统的分销渠道，实现盈利目的的。

小米一直以来都以饥饿营销模式作为品牌建设的一部分。品牌因素贯穿于饥饿营销策略实施的全过程。营销策略能否实施，主要是由产品是否在市场中具有极大号召力来决定的。如果产品没有在市场中建立强大的影响力，那么贸然对产品的供需情况加以控制，这样不但会影响赢利，还可能会降低原有的市场份额。

互联网为小米的饥饿营销提供了很好的平台。小米早期上市之前，都是通过网络社交媒体，如微博、论坛、QQ 等方式大肆渲染进行造势的，让广大消费者知道小米产品品质有多好，价位有多低、性价比有多高，然后通过互联网进行线上销售。

2011 年 9 月 5 日，小米手机正式开放网络预订，两天时间内 30 万台预售完毕，小米官网随即关闭了预售通道。12 月 18 日，小米手机第一次实行网络销售，在短短的 5 分钟内，30 万台手机一售而空。由于小米手机在每次开放购买前都是采取网上预约的方式，在活动完毕以后，好多消费者都表示非常遗憾，没能抢到自己心仪的手机，并产生了一种饥渴心理，暗自感叹："抢不到的手机才是好手机！"

在工业 4.0 时代，所有的生产、生活都与互联网有关。互联网记录了生产、生活的所有过程，并且在大数据的作用下，可以非常便捷地收集到每一个消费者的消费需求。因此，制造业企业的所有与产品有关的设计研发、生产制造、物流运输等环节都是基于互联网。通过对消费者的商品偏好与购物意向的了解，利用发送邮件、短信、微博等方式刺激消费者的关注以及购买欲望，并且围绕消费者的这些消费需求进行，即形成一种云商业模式与营销模式。然而，云营销模式是极为短暂的，其发展的最终结果是社会化营销模式的诞生。

工业 4.0 时代，是以标准化、大规模制造、数字化、智能化为特征，云商时代的新整合营销是打破消费者需求与企业运营模式界限的模式，营销 4.0 比任何时代的任何营销都具有更强的革命性与颠覆性，而"创意"则成为企业营销的核心价值链环节。

营销"创意"形态形成了一个以"微"字为代表的产业集群，如微博、微信、微电影、微支付、微创新等。这些"微集群"点亮了工业 4.0 的"创意"营销，是推动消费者尝试、以及持续购买的重要一环。

无论工业 4.0 时代，社会化商业生态朝着什么方向进行，但是社会化商业已经成为其客观的自组织生态系统，这也是社会化营销即整合营销发展的必然结果。

读书笔记

下篇
实践篇

第 6 章

工业 4.0 的发展现状

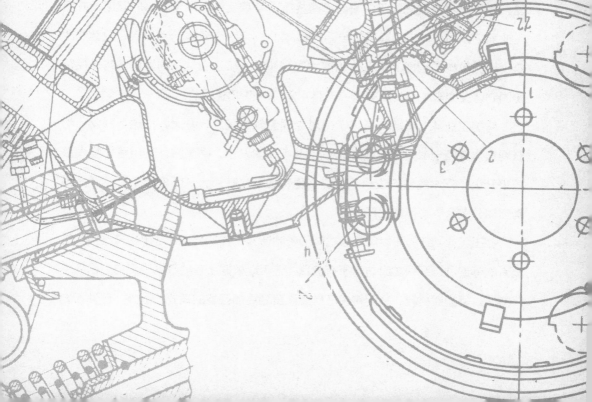

德国工业 4.0：现状令人堪忧

"工业 4.0"是 2011 年由德国人工智能研究中心负责人和执行总裁瓦尔斯特尔教授最先提出来的，其目的是为了提高德国的竞争力，让德国能够在新一轮工业革命中占领先机了，于是德国将工业 4.0 上升为国家战略的高度，并将工业 4.0 列为十大未来项目之一。为此，2013 年，由德国行业协会、企业、政府、研究机构等组成专家工作组向德国政府提交了工业 4.0 的最终报告《保障德国制造业的未来：关于实施"工业 4.0"战略的建议》。

德国工业 4.0 详尽地描述了信息物理系统的概念，并大力推动互联网、物联网技术在工业领域的应用。根据工业 4.0 的设想，德国将计划用信息物理系统来升级工厂中的生产设备，使它们具有智能化特点，从而使整个工厂变为具备自律分散系统的智能工厂。

德国工业 4.0 的智能制造方式较传统制造方式更加灵活，从事生产作业的机器人能够通过互联网实时访问所有信息，还可以根据所有的数据信息自主切换生产方式、更换原材料，从而将生产作业调整到更加匹配的模式。另外，这种智能制造还能够同时为不同的客户进行不同标准的产品设计、零部件构成、产品订单、生产计划、制造、物流配送等作业，这样就在极大程度上避免了整个价值链环节中出现的浪费。与传统的生产方式不同的是，德国所提到的这种智能制造的方式在生产前、生产中都能够随时随地、随心所欲地更改制造方案，让产品更加贴近消费者需求，让消费者更好地感受到智能制造所带来的完美产品与服务体验。

但是，即便是作为一项国家战略，德国的工业 4.0 在现实发展过程中也有诸多令人堪忧的地方。

首先，并不是所有的德国人都知道工业 4.0 的概念。现实当中，工业 4.0 的口号并没有得到普及。因此，工业 4.0 在实现方面还不是很彻底，甚至有很多人并不了解工业 4.0 的真正内涵。

2014 年有项关于工业 4.0 制造业知名度调查报告显示：德国的 1057 家企业中，有 64.3% 的企业并不知道工业 4.0，而只有 35.7% 的人表示对该概念比较了解，工业 4.0 在德国各行业中的知名度如图 6-1 所示。

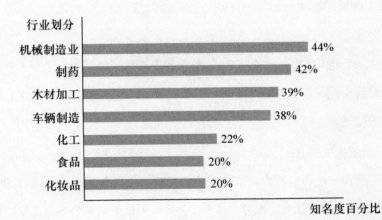

图 6-1　德国工业 4.0 行业知名度

其次，在早些时候，奥迪抓住了工业 4.0 打开了智能制造的先河，而如今，奥迪的首创精神已经逐渐退化。工业 4.0 在德国似乎成了奋斗的代名词，而真正知道工业 4.0 的企业，甚至能够借助工业 4.0 发展的企业少之甚少。原因在于工业 4.0 的方案极其复杂，做起来实在不易。

> 奥迪成为了德国的工业 4.0 的标杆，加速了德国向工业 4.0 迈进的步伐。目前，奥迪的车身全部由自动化完成，工业 4.0 所涉及的作业流程主要是预测与维护、3D 打印技术打印样品、数字化工厂生产、机器人协助等。如今，奥迪正在一步步向工业 4.0 靠拢，车内设置的按键、开关等物理控制设备将逐渐减少，从而减少人工控制，实现汽车智能化。

最后，越来越多的国家都开始致力于工业 4.0 的实现。在欧洲的数字化领域，德国已经错过了良机，在工业 4.0 上德国抱有必赢的信心。但是越来越多的国家也已经开始向工业 4.0 迈进，由此德国面临的竞争是非常激烈的。尤其是美国这位强大的竞争对手，已经将"软"实力作为进入工业 4.0 的切入口，开始向工业 4.0 迈进。

实际上，继德国提出工业 4.0 之后，越来越多的国家都开始向工业 4.0 挺进。正所谓"德国出点子，别国拿去赚钱"，这是对诸多国家与德国争相占领工业 4.0 先机的最好描述。

> 如今，美国、中国、日本、欧盟等都已经纷纷借鉴德国工业 4.0。在其制造业、航天航空、交通、医疗、教育、建筑、食品等多领域如火如荼地重塑价值链，以达到经济可持续发展的终极目的。

以欧盟为例，欧盟在 2015 年 10 月 13 日宣布，将计划投资 160 亿欧元用于科研与创新，以增强在全球市场中的竞争力。其中将拿出 10 亿欧元投资制造业项目，欧盟的这一举措为各国的制造业向工业 4.0 迈进起到了示范作用。

由此可见，德国发展工业 4.0 的道路充满了挑战，目前德国的工业 4.0 现状不容乐观。因此，德国要想打破这种现状，还需不断普及工业 4.0 的概念，让更多的人和企业深入地认识和了解工业 4.0，并积极提升自身的综合实力，才能在巨大的经济市场中站稳脚跟。

⚙ 欧盟工业 4.0：将智能工业纳入发展战略

德国提出了工业 4.0 的概念之后，众多国家掀起效仿热潮，纷纷进行工业 4.0 的战略部署。欧盟作为 28 个会员国的联合体，也将致力于大力发展工业 4.0，将智能工业纳入发展战略。

首先，2015 年 3 月，欧盟就已经将智能工业作为"数字单一市场战略"的一个优先行动领域，来推进欧洲工业未来的发展。

据统计，欧洲每天使用互联网的人数达到了 3.15 亿人，一个单一的数字化市场将创造 3400 亿欧元的增加值，几十万的新增就业，以及一个基于活跃知识的社会。但是欧盟在释放这个潜力方面，目前还存在很大的障碍。如今的欧美数字市场，对于美国的在线服务特别依赖，其占有率为 57%，而欧盟各国的在线服务占有率为 39%，欧盟跨境在线服务则更少，仅为 4%。因此，欧盟商业仅仅在本土市场发展是远远不够的，还必须在在线服务上也实现自由跨境才能消除这样的障碍。

欧盟所提到的"数字单一市场战略"的内容包括三个方面：第一是提高数字商品和服务的易用性；第二是培育更加欣欣向荣的数字网络和服务环境；第三是打造更具增长潜力的欧洲数字经济和数字社会。在第三领域中，欧盟在智能工厂、大数据、云计算和数字化技能这几个方面优先采取了行动。

目前，欧盟拥有 200 万家制造业企业，以及 3300 万个相关工作岗位。在欧盟看来，工业是整个欧盟经济发展的支柱，只有所有工业部门都能够集成新技术，欧盟的工业发展才能向智能工业系统即工业 4.0 转型。**实际上，欧盟的"未来工厂"战略计划和工业 4.0 实际上是吻合甚至是相同的。智能工业的目的就是进一步加强欧盟的先进制造力，这将为欧盟未来制造业的发展带来更加广阔的前景。**

相关数据显示，欧盟的信息通信技术和数字化在"未来工厂"中的应用已经开始启动，并且目前所涉及的相关项目已经达到了 180 个。欧盟智能工厂是其向工业 4.0 发展的一个富有远见的战略计划。

其次，为了对整个智能工业做一个完整的规划，并且对接德国的工业 4.0 政策，欧盟还在 2015 年 8 月发布了最新的"3D 打印的标准化路线图"（图 6-2），以调整 3D 打印技术在发展战略中的位置和方向。

设计该线路图的目的是给欧洲的智能工业的发展制定一个标准的模版。该线路图阐述了标准化对于产业应用及现有 3D 打印技术标准发展的重要性，明确指出了标准化与优先关注标准之间的差距是非常大的，以及如何才能达到智能工业发展与实践相符合的最优化。该标准化线路图使得发展智能工业变得更加容易的同时，还在保证质量的前提下很大程度上节省了原材料。

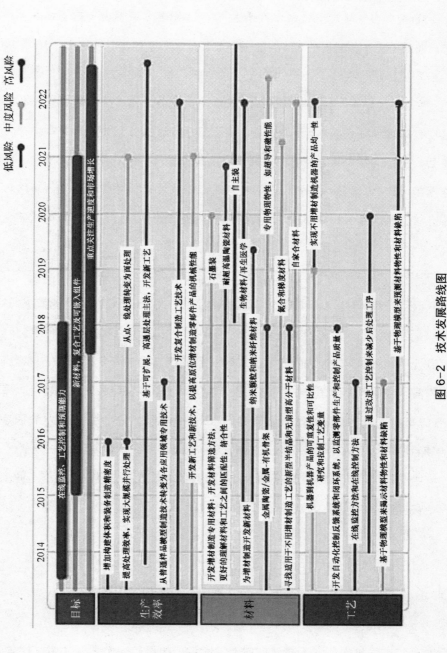

图 6-2　技术发展路线图

3D 打印技术实际上是一种增材制造，可以在保证质量的基础上提高生产效率，并且避免了原材料的浪费，尤其是在稀缺、昂贵的材料使用上，3D 打印技术凸显得更有价值。

在 3D 打印中，金属材料的打印难度是最高的，由于金属的熔点较高，并且在打印过程中金属液体固液相变，并且还包括了表面散热、传导等多个物理变量，此外还需要顾全成型的产品是否组织良好、整体是否均匀光滑等。因此在利用 3D 打印技术的时候必须要配合使用激光技术，控制好激光的功率和能量分布、激光焦点的移动速度和路径、加料速度等才能使打印出来的成品更加完美。

最后，2015 年 10 月 13 日，欧盟通过了《2016—2017 工作方案》，并拨 160 亿欧元巨资来推动其科研与创新，其中 10 亿欧元用来发展欧洲制造业，1 亿欧元用作自动驾驶技术的研发，1.39 亿欧元用作物联网投资，2.32 亿欧元用来发展智能、可持续城市，并将工业 4.0 纳入了重点扶持领域。事实上，早在 2013 年的时候，欧盟就拿出了 770 亿欧元作为欧盟"地平线 2020"科研规划的项目投资，而《2016—2017 工作方案》属于该科研规划项目的一部分。

由此可见，欧盟接二连三的举措实际上意味着欧盟已经通过智能工业战略开始在工业 4.0 方面不断加码。

⚙ 美国工业 4.0：注重"软"实力，发力工业互联网

美国一向被人们认为是"硬实力"国家，但是美国也十分注重"软实力"

的发展。无论是科技、教育、文化、经济还是政治的发展，都离不开"软"实力的推动作用。尤其是在工业 4.0 的发展方面，则更加注重"软实力"的构建，从而发力工业互联网。

"软"实力其实是 20 世纪 80 年代由哈佛大学著名教授约瑟夫·奈提出的，他认为，实力应该分为"硬"实力和"软"实力两种："硬"实力是指支配性实力，包括基本资源、军事力量、经济力量、科技力量；"软"实力包括国家凝聚力、文化被普遍赞同的程度和参与国际机构的程度等。

在美国，"工业 4.0"在很多时候已经被"工业互联网"所代替，虽然看似是两种不同的称呼，但是两者包含的基本理念是一致的，都是指将虚拟网络与实体连接，形成更具有效率的生产系统。

自 2008 年全球金融危机之后，美国把发展先进制造业作为国家战略，并希望通过全新的生产方式和模式来重塑制造业。与此同时，美国还加快了行业组织工业互联网联盟的组建，并且加速了制造业进军工业 4.0 时代的步伐。美国的这种"软"性制造与德国的"硬"性制造是有所不同的，美国基于软件和互联网技术的飞速发展将推动工业 4.0 发展的焦点集中在"软服务"方面，并力图通过互联网来驱动传统工业的发展，并能够长期保持制造业在全球制造业市场中的竞争力。

美国通用电气公司作为美国工业互联网的代表，所主导的工业互联网革命与工业 4.0 的基本理念是一致的，同样倡导人、数据、机器的连接，从而形成开放而全球化的工业网络。但是，通用电气在发展工业互联网的过程中更加注重的是软件、互联网、大数据等对于工业领域服务方式的颠覆。因而，美国更加擅长的是利用"软服务"来发展美国经济，从而推动新一轮工业革命。

目前，美国工业互联网的发展现状主要表现在以下两个方面：

一方面，政府投资，出台新战略，推动制造业创新

在全球经融危机之后，美国为了重振制造业的发展，近年来出台了不少发展战略和计划，如《重振美国制造业框架》《国家制造业创新网络初步设计》《国家制造业以及先进制造业国家战略计划》等，希望能够通过这些战略和计划的实施来推动美国经济的发展，并且可以在激烈的市场竞争中重新走上可持续发展的道路。

2009 年 4 月，刚刚上任的美国总统奥巴马就推出了重振制造业的发展战略。同年 12 月又发布了《重振美国制造业框架》，详细分析了美国重振制造业的理论基础、优势与挑战，成为了美国发展制造业的战略指引。随后，奥巴马政府为了更加顺利地重振制造业做了一系列准备工作，包括发展路径、具体措施等。

2012 年 2 月，推出了《先进制造业国家战略计划》，该计划旨在通过积极政策鼓励制造业回归美国本土。同年 3 月，奥巴马首推建设"国家制造业创新网络"，并在全国建立了 45 个研究中心，大力加强高等院校和制造业企业之间的产学研结合。同年 8 月，美国政府出资 8500 万美元成立了国家 3D 打印机制造创新研究所。

2013 年，《国家制造业创新网络初步设计》出台，美国投资了 10 亿美元用来组建制造业创新网络，并且集中力量推动数字化制造、新能源、新材料应用，打造了一批具有先进制造业能力的创新集群。

2015 年 10 月，美国新鲜出炉的《美国创新战略》，目的是为了实现投资创新、私营部门创新，从而营造一个创新国家，增加高质量就业岗位，实现经济持续增长，并且推动国家优先领域突破，此外还着重强调要提升美国先进制造的领先地位。

另一方面，建立产业联盟机制，全面打通技术壁垒

美国版的工业 4.0 在工业互联网的革命中除了获得美国政府的极大扶持以外，行业联盟也成为其发展工业互联网的重要推动力。

美国最早的"工业互联网"概念是由美国的通用电气公司在 2012 年提出的，在此之后，IBM、思科、英特尔、AT&T 以及通用电气美国五家行业龙头企业组建了工业互联网联盟。

闻名全球的美国老牌科技企业美国通用电气公司（GE）走在了美国工业 4.0 的最前端。以至于人们认为美国版的工业 4.0 实际上就是通用电气的"工业互联网革命"。目前，通用电气旗下已经拥有 24 种工业互联网产品，所涉及的领域包括石油天然气平台监测管理、铁路机车效率分析、医疗管理系统、电力配电系统优化等九大平台。

工业互联网联盟采取开放成员制，通过各个厂商设备之间实现数据共享，来打造一个"通用蓝图"。该蓝图的标准涉及英特尔网络协议、IT 系统中的数据存储容量、互联以及数据流量控制等指标，通过这些通用标准可以打破技术壁垒，利用互联网技术来激活传统工业过程，达到虚拟数字世界和物理世界的完美融合，从而真正实现传统工业到工业互联网的变革。

目前，这些应用标准的建立和批准还在进行当中。一旦这些标准建立起来，对于硬件和软件开发商而言，创建与物联网完全兼容的产品将不再是难事；而传感器、网络、计算机等诸多方面将得到全面整合，届时整个工业产业链的发展速度将会得到全面提升。

⚙ 日本工业 4.0：布局人工智能和高端制造

20 世纪七八十年代，美国把制造业看作"夕阳工业"，然而如今从德国率先发展工业 4.0 的成果来看，工业的发展已然成为一个国家呈现繁荣昌盛景象的支柱。不仅美国改变了自己原有的观点开始大力发展制造业，一向注重先进制造技术的开发和应用的日本更是看到了这一点，将制造业作为自己的立国之本。

日本认为，如今信息化发达的今天，依然离不开制造业，制造业在信息技术发展过程中的重要性是不可低估的。因此，日本把制造业视为其生命线，认为没有制造业就没有信息产业和软件产业，即便是信息社会，制造业永远是经济发展的主题。

日本在制造业方面特别注重基础技术的加强。在 1999 年，日本政府起草了《振兴制造业基础技术基本法》。该基本法认为产品的设计、制造是支持日本发展的基础。2000 年，日本制定了《国家产业技术战略》，该战略提出的目的主要是为生物、信息通信、机械、化学、能源、材料、汉堡、航空航天等 13 个产业部门确定未来的发展目标，从而推动日本制造业的发展。2013 年，日本政府推出了日本版的工业 4.0，即"工业 4.1J"战略，是由德国工业 4.0 为代表的第四次工业革命发展而来的，其中"4.1"表示比"工业 4.0"的级别要高一级，而"J"则表示该项战略出自日本（英文 Japan 的首字母），该战略旨在"将世界各地的工厂或大楼连接起来，以实现一个可综合进行安全的资产管理、消耗部件订购管理、远程服务、高级控制技术支持等的环境"。简单来讲，就是可以通过云上的监控系统来模拟世界各地工厂在生产过程中的运行情况，并且与现实生产情况进行对比，从而来发现各个操作系统中出现的异常状况。

日本在大力发展工业的同时，也存在诸多非常严峻的问题。因此，在发展其制造业的同时也十分重视发展人工智能技术的企业，并给予其优惠的政策来扶持，如优惠税制、优惠贷款、减少税收等，从而使得人工智能技术能够在日本获得可持续的发展。另外，日本还十分重视高端制造业的发展，并针对其推出了诸多战略规划，同时还斥巨资发展 3D 打印技术。

大力发展人工智能技术

日本版的工业 4.0 将人工智能产业作为其一大特色，并以此来解决劳动力断层问题并支持未来工业的智能化发展，而人工智能则率先被应用于工业化生产线领域。在政府的大力支持下，日本越来越多的企业开始将人工智能技术应用于生产线。

日本本田汽车在汽车制造行业中也是以生产线实现智能制造的典范。本田在生产制造的过程中采用机器人、无人搬运机、无人工厂等先进技术和产品，并且采用先进技术减少喷漆次数等，使得生产线缩短了 40%，同时还极大地降低了人工成本和资源的浪费，为本田带来了更多的利润。

无疑，智能技术的出现提高了劳动效率的同时也减少了劳动力需求，这是工业 4.0 发展的目标之一。但是本田的这种劳动力精简与许多企业仅仅通过简化和分解流程是有所不同的，本田将更多的任务而不是单一任务集中到一个流程当中，这样就实现了生产线的简洁化，以及零部件的一体化，不但有效地利用了资源，还提高了生产效率。但是要做到这一点，必然要求进行生产的机器人具备更高的人工智能化水平。

除本田以外，佳能作为电子数据巨头之一，也实现了机器人、无人搬运等的创新，从原来的"单元生产"转变为"机器人单元"再到最终创立了世界首个数码照相机无人工厂，因此给佳能带来了极大的成本竞争优势。

目前，日本越来越多的企业采用小型智能设备进行生产运作。因此，日本最大的零部件公司日本电装公司抓住了这一机遇，通过对铝压铸件的生产设备和工艺进行改革，从而使铸造线生产成本降低了 30%，设备面积减少了 80%，能源节约了 50%。随着日本汽车企业销量的不断增加，对于汽车零部件的需求也日益增大，因此日本电装公司的销量在全球汽车零部件配套供应商中排行第一。

🔧 高端制造技术蓄势待发

为了贯彻日本的"工业 4.1J"战略，无论是日本的制造业企业还是政府，都在大力开发高端制造技术，希望能在竞争中不输于欧美国家。尤其是日本政府更是加大了整体产业和行业布局。

2014 年，日本的 CyberAgent Ventures 公司领衔投资 2 亿日元，用于 3D 打印技术的研发。同年日本继续加大 3D 打印技术的扶持力度，实施了名为"以 3D 制造型技术为核心的产品制造革命"的大规模研发项目，并为该项目投资 45 亿日元用于日常研究使用。

2015 年 9 月，日本最大的在线 3D 打印服务平台 Rinkak 获得了 4 亿日元的投资，在此之前已经在 2014 年获得过大型投资机构 CyberAgent 领投的 200 万美元的研发资金。

虽然目前日本的 3D 打印技术已经在制造业国家中占有不小的份额，但是主要份额还是集中在欧美国家。针对这种现状，日本加大对 3D 打印技术的扶持力度，从而全面提升这一朝阳产业在全球工业竞争中的实力。

89

中国工业 4.0：沿着智能制造的方向前进

目前，"工业 4.0"成为了各个行业的热门话题，尤其对于制造业来讲，则显得更为重要。纵观全球，德国率先发起工业 4.0；欧盟将智能工业纳入发展战略；美国注重"软"实力，发力工业互联网；日本布局人工智能和高端制造，而作为制造业大国的中国岂能容他人疯狂地追逐在通往工业 4.0 的道路上而自己无动于衷呢？自然，中国没有示弱，正全力打造属于自己的中国版工业 4.0。

中国版的工业 4.0 应该是什么样子的呢？首先我们来分析下中国制造业的现状。在 20 年前，中国在全球的制造业产出中所占的比例不足 3%；而现在，该份额已经接近 25%。全球近 80% 的空调、近 70% 的手机以及 60% 的鞋类都是"中国制造"，因此，整体而言中国已经是全球的制造大国。但是在制造业发展过程中依然存在诸多方面的挑战。

因此，在全球大力发展工业 4.0 的竞争背景下，和国内诸多制造业面临挑战的背景下，中国制定了属于自己的**中国版工业 4.0 战略**——《**中国制造 2025**》。

《中国制造 2025》是 2015 年 5 月 8 日由国务院颁布的关于中国制造强国建设三个十年的"三步走"战略。

立足国情，立足现实，力争通过"三步走"实现制造强国的战略目标。

第一步：力争用 10 年时间，迈入制造强国行列。

到 2020 年，基本实现工业化，制造业大国地位进一步巩固，制造业信息化水平大幅提升。掌握重点领域的关键核心技术，优势领域竞争力进一步增强，产品质量有较大提高。制造业数字化、网络化、智能化取得明显进展。重点行业单位工业增加值能耗、物耗及污染物排放明显下降。

到 2025 年，制造业整体素质大幅提升，创新能力显著增强，全员劳动生产率明显提高，"两化（工业化和信息化）"融合迈上新台阶。重点行业单位工业增加值能耗、物耗及污染物排放达到世界先进水平。形成一批具有较强国际竞争力的跨国公司和产业集群，在全球产业分工和价值链中的地位明显提升。

第二步：到 2035 年，我国制造业整体达到世界制造强国阵营中等水平。创新能力大幅提升，重点领域发展取得重大突破，整体竞争力明显增强，优势行业形成全球创新引领能力，全面实现工业化。

第三步：新中国成立一百年时，制造业大国地位更加巩固，综合实力进入世界制造强国前列。制造业主要领域具有创新引领能力和明显竞争优势，建成全球领先的技术体系和产业体系。

　　该战略针对我国的制造业现状提出了未来制造业的发展前景以及发展方向，为中国迈向工业强国绘制了清晰的发展蓝图。

　　1. 传统产业加快转型升级

　　该战略明确指出要"促进工业化和信息化的深度融合，开发利用网络化、数字化、智能化等技术，着力在一些关键性领域强的市场先机。尤其是在机器人、轨道交通装备、高端船舶工程装备、新能源、现代农业机械、高端医疗器械等重点领域加强技术知道，推进产业快速转型升级。"

　　2. 新兴产业成为主导产业

　　该战略还明确指出"在高端装备、信息网络、集成电路、新能源、新材料、生物医药、杭红航天等重大项目"将成为中国制造的主导产业；提出了"互联网＋"行动以及"工业互联网"概念。旨在通过《中国制造 2025》战略推动中国移动互联网、云计算、大数据、物联网等与现代制造业相结合。

　　3. 提升服务业的支撑作用

　　《中国制造 2025》还指出要"大力发展旅游、健康、养老、创意设计等生产和生活服务业。"

　　4. 大力发展创新驱动战略

　　该战略还指出要"在传统制造业、战略性新兴产业、现代服务业等重点领域开展创新设计示范，全面推广应用以绿色、智能、协同为特征的先进设计技术，完善以企业为主体、市场为导向、政产学研用相结合的制造业创新体系，提高关键环节和重点领域的创新能力。"

　　此外，还为中国的工业 4.0 发展提出了基本方针和发展目标。

《中国制造 2025》的基本方针如下。

创新驱动。坚持把创新摆在制造业发展全局的核心位置，完善有利于创新的制度环境，推动跨领域跨行业协同创新，突破一批重点领域关键共性技术，促进制造业数字化、网络化、智能化，走创新驱动的发展道路。

质量为先。坚持把质量作为建设制造强国的生命线，强化企业质量主体责任，加强质量技术攻关、自主品牌培育。建设法规标准体系、质量监管体系、先进质量文化，营造诚信经营的市场环境，走以质取胜的发展道路。

绿色发展。坚持把可持续发展作为建设制造强国的重要着力点，加强节能环保技术、工艺、装备推广应用，全面推行清洁生产。发展循环经济，提高资源回收利用效率，构建绿色制造体系，走生态文明的发展道路。

结构优化。坚持把结构调整作为建设制造强国的关键环节，大力发展先进制造业，改造提升传统产业，推动生产型制造向服务型制造转变。优化产业空间布局，培育一批具有核心竞争力的产业集群和企业群体，走提质增效的发展道路。

人才为本。坚持把人才作为建设制造强国的根本，建立健全科学合理的选人、用人、育人机制，加快培养制造业发展急需的专业技术人才、经营管理人才、技能人才。营造大众创业、万众创新的氛围，建设一支素质优良、结构合理的制造业人才队伍，走人才引领的发展道路。

德国的工业 4.0 侧重于利用高端装备建设"信息物理系统"，并全面布局智能工厂，实现智能生产。中国版的工业 4.0 是以推进信息化和工业化的深度融合作为发展的主线，着重强调大力发展智能制造，构建全新的产业生态系统和新型制造模式。实际上中国版的工业 4.0 与德国的工业 4.0 战略是相吻合的，两者的共同之处都在于"智能制造"。

> 目前，我国工业机器人的销量较过去 10 年已经增长了 32%，但是制造业中机器人的使用率仅仅为世界水平的 50% 左右。随着我国劳动力成本的上升以及机器人的广泛应用，预计在未来 3 年的时间里，我国的工业机器人使用率仍然维持在 30% 左右的增长幅度，到了 2017 年，我国机器人系统集成市场规模可能在持续增长的背景下达到 757 亿元左右。

　　目前，中国在沿着智能制造方向前进，但是在迈向通往工业 4.0 的道路上还处于困难的爬坡阶段，不少工厂还处于劳动密集型、规模化流水生产线的工业 2.0 时代，仅有很少的一部分企业进入了工业 3.0 时代。因此，中国要想真正实现工业 4.0 还需要从 2.0 跨越式发展到 4.0。这样不但要求中国的制造业企业树立自己的自主品牌，还需要全面通过制造过程的智能化，利用机器人代替关键程序的智能制造技术来实现两化融合以及产业升级，才能离工业 4.0 渐行渐近。

读书笔记

下篇
实践篇

第 7 章

未来全球制造业的趋势

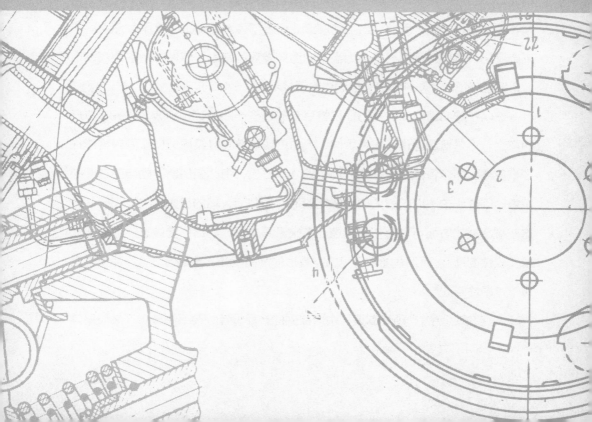

⚙️ 软性制造

当下，诸多发达国家制定了自己发展先进制造业的战略部署，使得全球制造业正不断向提高附加值转变，与此同时，硬件也开始向软件、服务、解决方案等无形资产转移。因此，当下的制造业已经与传统的制造业有了截然不同的形态变化。软件到硬件已经成为当下制造业发展的常态，软件控制硬件在制造业行业已经成为了一种趋势，但这也给硬件带来了一定的影响。

在以往的制造业中，人们往往将目光放在了产品设计、制造、质量等有形的点上，但是资源管理、服务导向、人力资源的培养以及服务创新等内容却往往被忽略。如今各国正在加快迈向工业 4.0 时代，由此便加剧了国与国之间的竞争，因此，这些以前被人们所忽略的地方受到了人们的极大关注，人们认为这些被忽略的方面可以重新给制造业带来无限生机，而这些曾被忽视的方面就是"软性制造"。而那些能看得见的、有形的产品设计、产品制造、产品质量则属于"硬性制造"。

在软性制造中，"硬性制造"中所提到的产品设计、产品制造、产品质量等的生产与需求已经不再被认为是制造业的核心，"软性制造"的主导作用反而会更加凸显，商品生产的服务或解决方案将为制造业带来更高的价值。

在工业 4.0 时代，制造业不仅进行硬件销售，一些售后服务等"软性制造"的作用将尤为突出，通过"软性制造"，制造业可以获得更多的附加值。因此，软性制造可以增加产品附加价值，拓展更多、更丰富的服务与解决方案，这对于制造业来说是盈利的最好方式。

一方面，软性制造实际上是以软件为主导

随着模块化的进展和生产设备技术的一体化，以往大规模的以硬件为中心的制造业进行了技术转移。这种转移的门槛较低，因此不少发展中国家可以承受。随着用软件定义产品功能和性能的情况越来越多，对利用软件实现创新的重视程度越来越高，这样产品生产价值逐渐从硬件转为软件，进而提升了制造业的进入门槛。

电子产品的发展就是软性制造的典型代表。当下，电子产品中绝大多数在产品成型前就预装了各种操作系统，并且嵌入了各种软件功能，许多电子商品通过联网还可以安装各种 App，实现功能的无线扩展。

目前，作为传统制造业的汽车行业也开始掀起一股软性制造的热潮，从而使得产品价值不断得到体现。传统汽车耗能高、排放量大，为了实现汽车的低耗油，软件协同技术已经全面应用于汽车的各种硬件技术中，并实现硬件技术的模块化，软件执行的好坏直接影响汽车的油耗和排量。软性制造已经得到了广泛的应用，目前全球已经借助软性制造研发生产出了多款自动驾驶汽车以及无人驾驶汽车。

美国等发达国家已经在软性制造方面创下了诸多战绩。比如，美国的通用电气公司、IBM 已经在很早的时候就开始认识到软性制造的重要性。因此，通用电气公司最终跃出了传统制造业的思维模式，大力投入软性制造的研发，到目前，通用电气公司经过多年的发展成为了一个集数据分析、软件为一体的公司。IBM 在这方面则更为领先，认为大数据时代已经到来，通过制造和数据的结合，提升解析能力。

另一方面，软性制造更加注重服务、解决方案业务

发达国家更加重视售后服务、客户服务、应对解决方案业务等，并将其作为其自身未来发展的重要趋势。在未来，商业模式逐渐转变为为客户解决各种问题的商业模式。因此，这就要求企业不但要营销产品，更重要的是销售自己的产品附加值，包括各项售后服务等，这也是未来制造业发展的重要趋势。

⚙ 从"物理"到"信息"

传统的生产制造业中，各种零部件相互关联，因此构成了硬件产品的核心。然而，随着信息技术的进步、数字化信息的出现、封装化系统的形成，零部件生产加工技术正在加速向新兴市场国家潜移默化地转移，这就使得原本的零部件生产商的利润非常稀薄。在这种情况下，一些发达国家想出相应的解决对策，即将制造业的重点放在了组装零部件的封装化方面，因此将零部件的部分功能进行模块化，并将系列功能进行系统化，最终实现提升附加价值的目的。

　　所谓模块化是指将标准化的零部件进行组装，并以此设计出全新的产品。这样做的优点是可以快速实现商品的多品种，从而满足市场的多元化需求，满足消费者多元化、差异化的需求。模块化的特点是每组模块达到饱和负荷时，系统就会自动重启另一组模块，从而保证系统的输出始终与实际需求相匹配，使得每个模块都可以高效运转，不但提高了工作效率，而且还达到了节能的目的。

　　但是，模块化本身仅仅是产品的一项基本功能。在未来，制造业则将目光集中在利用模块化和封装化来实现系统化，从而开辟全新的应用与服务。如果将系统作为主导，那么就可以利用具有物理性质的零部件来获取更多带有信息功能的附加价值。相反，如果没有掌握系统的主导权，那么即便研发生产出的产品质量非常过硬，也很难成为主导市场的价格衡量标准。

99

　　一直以来，美国都在致力于研究和设计如何能够从等价值链的上游部分获取附加价值，美国的这项研究实际上正体现了其面向系统的思维模式。在价值链上游的企业为了获得更多的附加价值，更应该通过系统来掌握整个市场，而不是仅仅通过生产零部件来获得市场的主导权。美国通用电气公司的核心技术就是系统，在 20 世纪 80 年代初，该公司就开始向能源系统公司转型。而当下，美国通用电气公司在当时所积累的大量成功经验将应用于该公司在医疗服务行业的拓展，并且将为该公司创造更多的销售奇迹。

　　早先，美国率先提出了信息物理系统的概念，但是在之后的几年来，该概念一直不温不火。但是德国所提出的工业 4.0，将这一概念又一次非常明确地提出来，并且指出物理信息系统是其工业发展的核心力量，并且信息物理系统是研究和实现工业 4.0 战略的关键。德国之所以能够将信息物理系统的概念重拾，并且在德国的工业 4.0 战略的推动下，该概念能够火遍全球，还完全得益于德国雄厚的工业基础，更重要的是德国数控设备为代表的机械，以及推动德国发展的信息技术。

总之，在未来，信息物理系统不仅是一种技术，也是一种基于从物理到信息的生产管理模式，该模式将影响全球工业领域生产制造的发展趋势。

⚙ 从"群体"到"个体"

科学技术的不断发展，必然带来生产模式和方式的变革，这是一条铁的发展规律。

最早的蒸汽机时代是小规模的手工劳动，随后蒸汽机被大型机器所取代，由此出现了大规模生产模式，机器生产全面取代了手工劳动。这时候，真正拉开了大规模"群体"生产的序幕。

20 世纪 60 年代之后，尤其是进入 21 世纪的十多年来，制造工程技术与科学的迅速发展，加之消费者对产品提出了个性化需求，使得生产模式又一次发生了翻天覆地的变革，出现了以"个体"为主导的大规模个性化定制生产模式。与此同时全球竞争形式的特征已经基本形成，即具有精益生产、周期缩短、层次扁平化、高端定制化、柔性制造、区域经营、及时生产等特征。个性化定制生产模式恰好具有能够缩短产品生命周期、满足细分需求的优势，并且可以提高产品质量，降低产品成本、增加产品品种。因此，**以"个体"为主导的大规模个性化定制的生产模式受到越来越多的企业的青睐，成为当下及未来生产制**

造的主流模式。

　　当下，已经有越来越多的制造业企业率先走在了以"个体"为主导的大规模个性化定制的道路上。

　　合肥昌河汽车有限责任公司主打"昌河""飞虎"两大微型汽车品牌产品。20 世纪 90 年代，由于微型汽车行业的生产能力过剩，导致各个微车厂家出现了产品结构雷同、技术相仿的情况。在这种情况下，拉响了一场声势浩大的价格战。面对这种局面，昌河公司重新对整个行业进行了深入的调查研究，发现以往微型客车的主要用途是出租、载客。如今，这类汽车的用途已经向货物配送、集体专用、特定服务等方面转变。个体消费者成为了微型汽车的主要力量，而且这些个体消费者对于汽车的个性化要求也日益凸显。因此，微型汽车进入个性化定制时代必将成为一种趋势。于是，昌河公司开始在激烈的市场竞争中寻找新的出路，那便是实行定制与规模化优势互补的生产经营方式，即进行大规模个性化定制生产。在 1999 年，昌河公司全面推行大规模定制生产经营与管理，将市场进行细分，以定制需求为生产的起点，既能充分满足消费者的个性化需求，又能按需生产，避免了生产过剩的情况出现。经过一段时间以后，昌河公司的这种大规模个性化定制的优点就非常明显地体现了出来。一方面拉动了生产内需，另一方面受到广大消费者的青睐，也因此提升了销售业绩，增强了市场竞争力。

　　以"个体"为主导的大规模个性化定制生产模式能够给制造业企业带来广阔的发展前景，其优于传统的以"个体"为主导的大规模定制模式的特点有以下几点。

1. 以"个体"客户需求为导向

传统的大规模"群体"生产方式是一种毫无目的的先生产后销售的方式，对于消费者的需求量毫不知情，只能预测，因此这种没有计划性的大规模"群体"生产模式是一种推动型生产模式；以"个体"为主导的大规模个性化定制生产是以消费者需求为起点的按需生产模式，因此是一种需求拉动型生产模式。

2. 以模块设计、零部件标准化、通用化为基础

个性化定制的生产思想是通过对产品结构和制造过程的重组形成产品的批量生产。产品的模块化设计、零部件标准化和通用化，能够大规模地生产产品零部件和模块，从而具有减少产品生产的时间、缩短产品交付时间、减少产品生产成本的优势。

3. 以现代信息技术和柔性制造技术为支持

以"个体"为主导的大规模个性化定制具有对客户需求做出快速反映的能力，它是以现代信息技术保障为前提的。在互联网技术和电子商务迅速发展的时代，企业利用这两项技术能够快速获取客户的订单信息；计算机辅助设计系统的使用帮助企业根据在线订单快速设计客户需求的产品；柔性制造系统帮助制造业生产制造出高质量的定制产品。

4. 以竞争合作的供应链关系为手段

在未来的市场经济中，企业与企业之间的竞争已经不再是竞争的主要类型，而是转变为企业供应链与供应链之间的竞争。以"个体"为主导的大规模个性化定制生产模式在制造业企业中的应用，使得企业与其原材料供应商之间建立起了一种既竞争又合作的关系，从而使得双方都能在满足消费者需求的基础上获取自己的利益。

与传统的大规模"群体"生产模式相比，以"个体"为主导的大规模个性

化定制生产则更具优势，具体表现如下。

首先，从竞争目标来看，传统大规模"群体"生产是在所有消费者都能接受销售价格的前提下进行成本开发和生产、销售产品和服务；大规模个性化定制生产模式是在每个消费者都能接受的销售价格的前提下进行成本开发、生产、销售产品和服务，从而尽可能地满足每位消费者的需求。

其次，从产品成本和批量的关系来看，传统大规模"群体"生产注重的是产品共性以及批量，其产品成本与批量成反比；个性化定制生产模式注重的是产品的个性以及相关服务，产品成本与批量没有任何关系，只从产品方面来看，看似是单件生产，但是从制造企业来看，实际上是大批量生产。

再次，从经营策略来讲，大规模"群体"生产模式实际上是为库存生产，往往是企业生产什么消费者就只能买什么；大规模个性化定制生产模式是为客户需求生产，客户需要什么企业就生产什么。

从次，从利润来源来讲，大规模"群体"生产模式尽可能生产和销售统一产品，以降低单位生产成本；大规模个性化定制生产模式在广泛的产品和客户中使用模块化资源，以降低定制成本。

最后，从客户参与来讲，在大规模"群体"生产模式下，客户很难参与到产品研发、生产过程中；在以"个体"为主导的大规模个性化定制模式下，利用丰富的通信和软件资源，客户可以方便地自行进行产品设计，进行产品性能和制造过程的仿真，并很快得到其所需的产品设计方案。

由此可见，个性化定制生产模式优于传统的大规模"群体"生产模式。因此，以"个体"为主导的大规模个性化定制是适应工业 4.0 发展趋势的。在工业 4.0 时代，大规模"群体"生产向以"个体"为主导的大规模个性化定制生产的转变具有必然性。

⚙ 从"生产型"到"服务型"

随着工业经济的不断发展，人类的工业社会正逐步向服务社会转变，"服务经济"将成为21世纪经济的主导。尤其是进入工业4.0时代，"生产型"制造向"服务型"制造的转型也将成为必然。

"生产型"制造即以实物产品生产为目的的制造。"服务型"制造是基于生产的产品经济和基于消费的服务经济的融合，基于制造的服务和面向服务的制造。换句话说，就是通过产品和服务的融合、客户的全程参与、企业相互提供生产性服务和服务性生产，实现分散化制造资源的整合和各自核心竞争力的高度协同。这种"服务型"制造是一种全新的产业形态，是一种全新的制造模式。

在之前，传统的制造业生产的仅仅是产品，而且出售的也是产品本身。工业4.0时代，制造业生产的不仅是产品本身，而是产品的功能，销售的也是产品的功能和服务。因此，制造业由"生产型"向"服务型"转变是一种组织能力和过程的创新，通过从卖产品向卖产品服务系统的转变来创造更多的价值。

诚然，如今已经是信息技术高度发达的时代，制造业的价值链也发生了变化，商品的附加值环节使商品本身的价值又有了进一步的提升，技术和服务已经成为一种独立的商品形态。"生产型"制造的利润空间越来越小，而"服务型"制造的利润比重则越来越大。为了进一步满足工业4.0的发展，并且适应由工业4.0的出现而导致的制造业产业链价值的分布变化，"生产型"制造向"服务型"制造的转型是一种趋势。

米其林公司作为全球轮胎科技的领导者,其发展策略之一就是将服务视为销售的新动力。近年来,随着产品售卖渠道的多元化,产品价格竞争越来越激烈。米其林面临的问题是:如果连沃尔玛也开始销售轮胎,那么自己将如何从价格的夹缝中得以生存?于是米其林开始寻找全新的生产经营方式,开始着眼于提升产品的附加价值。

因此,米其林将引进驰加店作为自己的"服务型"制造策略之一。米其林驰加店的主要职责就是提供轮胎更换、四轮定位、调节等简单的服务,此外还提供快修保养、车辆清洗、汽车美容等服务。如今,米其林的驰加店所销售的轮胎数量几乎占到了米其林所有轮胎销售数量的1/3。这充分说明:"服务型"制造在制造业企业进行生产经营、提高销售业绩的过程中所起到的作用是非常大的。

目前,"服务型"制造已经逐渐渗透到了智能制造过程中,因此,"生产型"制造向"服务型"制造的转型势在必行。

首先,"服务型"制造已经成为全球制造业发展的趋势

当下全球经济发展形势已经由产品经济向服务经济过渡。以产品制造为主的制造业,更是把发展"服务型"制造作为其不断壮大的核心目标。制造业越来越把竞争的焦点放在了提高产品附加价值上,因此呈现"服务化"趋势。

其次,"服务型"制造是未来国家产业竞争的必然结果

未来,"生产型"制造向"服务型"制造转型是国际化竞争的必然结果,也是适应市场需求发展的必然趋势。

从制造业竞争来看,"服务型"制造是实现差异化生产的重要途径。由于现代技术的普遍提高,各个制造业企业在生产产品的技术上都旗鼓相当,没有太大的差异，因此生产出的产品功能、外观方面都没有太大的差距。因此，"拼产品""拼质量"已经不再是竞争的焦点，而服务标准的高低、好坏成为了实现差异化的最为有利的武器和提升客户满意度的重要途径。

从交易方式来看，客户交易由一次性交易向长期"服务型"交易转变。传统的产品交易往往是一次性交易。随着生产模式的改变，"服务型"生产的出现，使得客户不但能享受产品带来的美好体验，还能享受其附加服务所带来的完美体验，客户已经由原来的理性购买转变为感性购买，从以往的一次性购买变为长期重复购买，购买的已经不再是单纯的产品，还包括产品所延伸的服务，从而很好地建立了客户的忠诚度。

再次，"服务型"制造是经济社会发展到一定程度的内在要求

随着技术的不断进步以及社会的不断发展，市场消费能力逐渐加快，与此同时也带来了需求的多样化和个性化，并且在产品技术和功能越来越复杂的情况下，消费者对服务提出了新的需求，即消费者在购买质量过硬的产品的同时，希望能够获得更好水平的服务或者整体解决方案。

最后，发展"服务型"制造是提升制造业核心竞争力的有效途径

"服务型"制造是一种能够实现创新发展的先进制造模式，是制造业由"生产型"制造不断升级的结果，是以制造为基础，以服务为向导，使原来的制造业单一提供"产品"向提供"产品 + 服务"的转变。"服务型"制造能够扩大生产性服务业的产业规模，催生新的服务业态，促进了产业结构的优化升级，并且提高制造业的核心竞争力。

专家预测，在工业 4.0 时代，制造业的模式必将是"产品 + 服务"的模式，且是"服务型"制造为主的产品生产。这意味着，在工业 4.0 的新一轮工业革命和产业变革风起云涌的形势下，由"生产型"制造向"服务型"制造的转型显得尤为迫切。

从"要素驱动"到"创新驱动"

所谓"要素驱动"是指通过投入各种生产要素（土地、资源、劳动力）来促进经济增长的发展，是从生产要素的需求中获取发展动力的方式。这种驱动方式是一种较为原始和初级的驱动方式。

所谓"创新驱动"是指个人发挥自己的创造力、技能、天赋等，为企业提供发展动力，以及通过对知识产权的开发来为企业创造潜在的财富和就业机会的方式。换句话说，"创新驱动"实际上是借助科技来发挥个人的创新能力，从而推动企业的发展的一种方式。

面对当前全球工业经济都向工业 4.0 发展的形势，加快"要素驱动"向"创新驱动"的转型升级，既是积极应对当前各种机遇和挑战的最佳选择，又是加快迈进工业 4.0 的最佳途径。因此，"要素驱动"向"创新驱动"的转变具有必要性。

首先，"创新驱动"是促进经济发展方式转变的动力。经济发展在要素驱动下使得科技创新对经济社会发展的贡献率降低，生态环境的发展受到了严重的制约。在这种情况下，这种经济的发展方式已经不可避免地遇到了资源和环境等的不可持续性供给的极限，这样就导致制造业产业依然处于全球价值链的最低端，经济的发展缺乏可持续性。然而，"创新驱动"较"要素驱动"而言，对于经济的发展具有可持续性。工业 4.0 时代，强调绿色节能减排的智能制造，就对资源和环境的可持续发展提出了要求。因此，利用"创新驱动"实现资源和环境的可持续发展加快了经济向全新发展模式的转变，成为经济发展方式转变的动力。

山西作为煤炭资源大省，目前正在努力发展"创新驱动"，将煤炭安全、清洁、高效、低碳作为经济发展的核心，要求在坚持抓好节能降耗、治污减排工作的基础上，将推进全省燃煤发电机组超低排放的改造作为工作的重点。并计划到2017年年底，全省单机容量30万千瓦以上常规燃煤发电机组的污染物排放标准要达到或优于燃气发电机组。目前格盟集团瑞光发电公司1号机组已经率先完成了超低排放的改造，其各项指标都低于超低排放标准，更重要的是还优于现有燃气发电机组的排放标准，真正实现了利用创新驱动实现了经济发展方式的转变，实现了经济可持续发展的目标。

其次，"创新驱动"可以提升在国际市场中的竞争力。"创新驱动"的本质就是利用自主创新，充分发挥科技对经济社会的引领和保障作用，从而进一步加强科技进步对经济的贡献，实现经济社会全面协调可持续发展和综合国力的不断上升。在工业4.0时代，"创新驱动"可以使得个人的创新能力发挥到极致，加强生产制造的智能化，从而加快企业乃至国家向工业4.0迈进的速度，进而提升国家在国际制造业市场中的核心竞争力。

北京科学研究中心提供的一份报告显示，目前世界上已经有20个左右公认的创新型国家，这些国家每年都会拿出其GDP的2%用来进行创新性产品的研发，科技对本国经济增长的贡献率达到了70%以上，对外技术的依存度指标一般为30%以下。这足以说明各国十分注重产业的创新，将发展创新产品放在了极其重要的位置上，希望通过"创新驱动"提升自身在国际市场中的竞争力。

最后，"创新驱动"是加快建设创新型国家的迫切需要。当今世界正处在新科技革命的前夜，科技创新呈现出全新的态势，技术融合创新思维，使得制造业呈现出全新的特征，由此也带来了制造业生产方式的转变。国家全面实施"创新驱动"的发展战略，可以更加自觉地把握市场机遇、应对未来挑战，跟上科技创新的步伐，提升建设创新型国家的速度，在激烈的市场竞争中占得先机。这一点也正是各国积极发展工业 4.0 在技术创新方面的迫切需要。

　　由此看来，实现"要素驱动"向"创新驱动"的转变必将是一种势不可挡的发展趋势，也是工业 4.0 时代实现制造业企业颠覆转型的必然方向。

互联制造

　　新一代信息技术与制造业的深度融合，带来了第四次产业的变革，并对其产生了深远的影响，因此形成了新的生产方式、产业形态、商业模式和经济增长点，工业的互联网化越来越明显，并成为工业发展的一大趋势。由此，互联制造便成为未来制造业的发展趋势。

　　所谓的互联制造实际上是指"互联网 + 制造"。互联制造是互联网和制造业的相互融合，并具有广阔的空间和巨大的潜力。

　　首先，互联制造使制造业发展方式发生了巨大变革

　　互联网推动了生产制造模式的变革，由此带来了全新的智能制造生产方式。互联网在制造业的应用越来越普遍，推动了制造业向着更加数字化、网络化、智能化的方向发展。与此同时，工业信息系统也在互联网的基础上实现了互联互通，使得机器运行、车间配送、生产制造、客户需求之间的信息实现了实时交互，也使得生产过程中原材料的供应、零部件的生产、产品的集成组装等都实现了精准协同。

　　其次，互联制造推动产业组织创新，为企业带来了全新的网络化、扁平化

组织结构

在互联网的基础上，工业生产有了更加细分的生产程序，协同制造成为重要的生产组织方式，众多网络企业和虚拟企业在并没有生产车间而只有运营总部的情况下诞生。这些企业都是以扁平化组织结构为特征，从而提高了管理效率、减少了管理失误，降低了管理费用，扩大了管理幅度，并且缩短了上下级之间的距离，实现了信息的快速传递。

再次，互联制造推动了产业升级，实现了制造业的服务化趋势

制造业服务化发展通常有 3 种形态。

第一，制造业企业利用互联网进行远程监控、控制、维护等信息服务，从而推动了制造服务化的转型；

第二，制造业企业通过在生产过程中使用互联网技术，衍生出有关信息系统咨询设计、运维服务等一系列专业性信息服务企业；

第三，互联制造在工业生产中的应用，逐渐出现了众筹、众包、众投等信息服务型企业。

从次，互联网制造将各种资源集成与共享，为产业发展带来了全新的创新模式

借助互联网，地域、组织、技术等界限有所突破，与此同时，政府、企业等将资源优势进一步整合，形成了跨领域的创新平台。更多的外国公司借助互联网优势将全球的高端研发中心连接在一起，有效地提升了全球的研发效率和产能。

最后，互联制造作为未来的一种潮流制造方式，互联网将实现工厂内外的网络化，使得制造业向着互联工厂发展

由此可见，互联网与制造业的融合日益加深，必将成为未来新一轮工业革命的发展方向和国际先进制造业竞争的制高点。大力发展智能制造是全球完善制造业创新的要求，也是推动制造业服务化转型的要求，实现互联制造势在必行。

下篇
实践篇

第 8 章

工业 4.0 对中国意味着什么

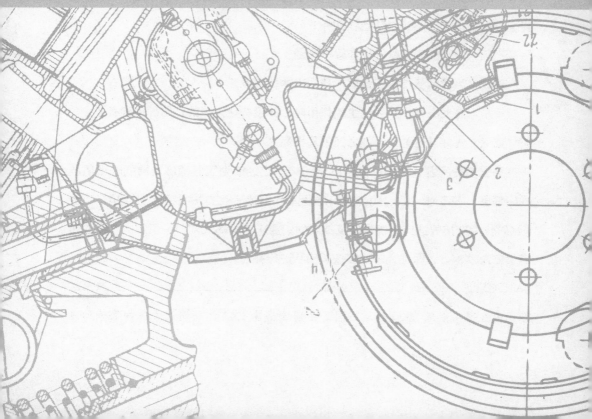

人才队伍转型势在必行

当今，人才统领了整个工业的开发和利用，工业领域的转型和发展更离不开人才队伍的培养。在中国，要想大力发展工业 4.0，还需大力推进人才队伍的转型，这是中国目前的一项首要任务。

当前，中国的人才队伍存在以下问题。

第一，人才队伍结构不合理，高端人才比较缺乏。

第二，企业在开发人才的主体作用时，并没有让人才的作用发挥到极致。

第三，人才队伍的创新能力还不是很高。

基于这些问题，中国的人才队伍的转型已经成为工业领域发展的一项重要战略任务。在工业 4.0 时代，没有专业人才，制造业的发展将无从谈起。工业 4.0 时代需要培养适应时代发展及技术创新要求的高端人才，不仅如此，企业还需建立人才库，以保证人才能够按照梯队进行补充。

调查现实，到 2020 年，中国工业领域需要 1.42 亿高端人才。如果劳动者的各方面技能和素质没有得到提升，那么届时中国将面临一个 2400 万人才的缺口。由此看来，我国发展工业 4.0 的过程中，人才的转型和培养已经迫在眉睫。

传统工业生产中的人才通常是劳动型的技术人才，主要辅助生产制造。而在工业 4.0 时代，工业制造业需要的人才通常分为两大类。

一类是管理方面的人才

工业 4.0 时代，制造业企业需要的人才必须具备系统思维和创新思维，并且还能管理新时期下的高端人才，这样就对于管理者的水平提出了很高的要求。因此，也对人才队伍的转型提出了高度要求，即进行高端人才的系统化培养，迎合企业面临工业 4.0 时代的工业化信息化快速发展的要求。

另一类是技术方面的人才

技术革新是进入工业 4.0 时代的最大特点，因此，中国所面临的局面是机遇与挑战并存。制造业作为国家的战略重点和优势产业，尤其是对于中国来说，创新驱动、智能转型、强化基础、绿色发展以及向国际先进制造业学习，就要求企业在新常态的经济模式下重新思考企业人才队伍的发展与转型。

2015 年 5 月颁布的《中国制造 2025》，特别对我国发展工业工业 4.0 关于人才方面提出相关计划和要求："坚持把人才作为建设制造强国的根本，建立健全科学合理的选人、用人、育人机制，加快培养制造业发展急需的专业技术人才、经营管理人才、技能人才。营造大众创业、万众创新的氛围，建设一支素质优良、结构合理的制造业人才队伍，走人才引领的发展道路。"

实际上，我国人才的转型重点要放在新一代信息技术、智能制造、增材制造、新材料、生物医药等领域，从而建立一批制造业创新中心，为国家进行行业基础和共性关键技术的研发等做出贡献，如图 8-1 所示。此外，还要加强制造业人才在统筹规划和分类指导方面的转型，从而提高企业的经营管理水平和企业竞争力。

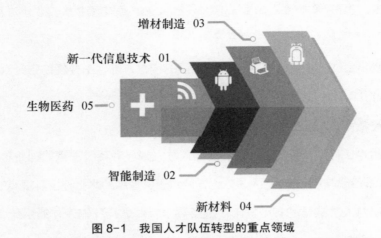

图 8-1　我国人才队伍转型的重点领域

目前，我国重庆市江北区正在配合《中国制造 2025》进行产业转型升级。在新经济模式下，人才已经成为江北区进行工业转型的重要支撑。因此，江北区将人才转型发展战略、培养工业经济新常态下的创新型人才作为推动其自身工业经济转型升级的重要措施。重点是对工业区的高级管理人员的综合素质、专业技能以及职业转型等进行培训和强化，从而增强企业的核心竞争力，为迎接工业 4.0 的到来做好充分的准备。

目前，中国正在加紧进行《中国制造 2025》战略的实施，人才队伍的转型已经成为当下亟待解决的问题，只有加强人才队伍的培养、转型，才能加快我国迈向工业 4.0 的进程。这也是我国当下急需解决的一大课题，也是势在必行的方向。

深入推进精益管理

1979 年，丰田汽车公司前副社长大野耐一先生所著的《丰田生产方式》

一书诞生以后，向人们展示了丰田公司卓越的准时化、自动化、看板方式、标准作业、精益化等生产管理的各种理念，自此，"精益管理"的概念便诞生了。"精益管理"也叫"精益生产"。之后，美国麻省理工学员的詹姆斯·P.沃麦克教授等人将"精益管理"在全球范围内加以推广，使得"精益管理"风行于世。

实际上，日本丰田汽车公司的这种精益管理方式是最适用于现代制造业企业的一种生产组织管理方式。精益管理中，"精"就是节约，"益"就是效益，因此精益管理也就是指利用最小的资源，如人力、设备、资金、材料、时间、空间等，创造出尽可能多的价值，为客户提供准确及时的服务的管理方式。

精益管理大概有 5 个方面的特征。

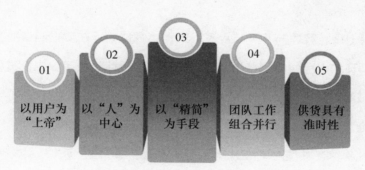

图 8-2　精益管理的 5 个特征

1. 以用户为"上帝"

无论任何产品的生产，其最终目的都是面向用户，为用户服务，精益管理的理念就是将用户纳入产品开发、生产等整个制造过程中，以多样化的产品、短的交货期来满足用户的需求，真正地将用户当作"上帝"，为"上帝"服务。

2. 以"人"为中心

精益管理要求员工要充分发挥自己的创新能力和能动性，因此将权利下放到每个员工，使员工能够积极主动地为企业贡献自己的聪明才智。此外，还要为员工定期安排学习培训，从而提升员工的新知层面和认知能力。

3. 以"精简"为手段

精益管理帮助企业在生产过程中采用柔性生产设备，减少多余人员数量、缩减生产环节，从而实现组织结构的精简化。

4. 团队工作组合并行

精益管理强调的是以团队工作的方式进行产品的并行设计。

5. 供货具有准时性

准时供货可以很大程度上减少库存量，由此可以节省库存空间和库存利用率，避免了库存空间的浪费。要想实现准时供货，还得依赖于与供应商建立的良好合作关系。

从以上精益管理的 5 个特点不难发现，精益管理在实现制造业企业生产链良性循环的过程中起到了举足轻重的作用。因此，在工业生产过程中，没有快速生产、降低成本、以人为本、柔性制造，工业 4.0 的实现与发展也就步履维艰。德国将精益管理作为其智能工厂的四大模块之一，中国也将精益管理作为"中国制造 2025"发展战略的重要环节，并且将精益管理从个别企业是生存之路上升为政府部门所提倡的提升企业管理水平的关键手段。因此，一些大中型企业已经响应国家号召，在精益管理的道路上走得越来越顺畅。

长安汽车确立了"品质、精细、锐意进取"的发展原则，致力于打造一条精益管理的制造之路，并在这方面下了一番苦功。长安汽车为了与世界先进生产制造水平接轨，在汽车的销售、计划、生产采购、物流等各方面都力求采用

精益管理的方式来对原有的生产系统进行改善。OTD系统就是近年来汽车行业伴随着精益管理和精益生产的制造思维而诞生的，在该系统出现之前，汽车制造业采取的是一种"库存＋计划推动"的生产方式，然而该系统打破了原有的生产方式，建立了全新的"订单／定单拉动"的生产方式，从而使得长安汽车的推广按照订单定位制造的模式和经验来进行，这样就推进了长安汽车的精益管理和生产模式的创新，提高了其管理水平和生产制造的能力，进而加强了长安汽车在国际市场中的竞争力。

长安汽车的精益管理之路并不是唯一的特例，中国南车集团也采取先试点后铺开的方式，利用精益管理实现了高端制造和研发，不但提高了产品的质量，还降低了成本、增强了其市场竞争力；中国兵器装备集团也全面展开精益生产和精益管理的生产方式，开创了其在制造业的创新之路。

由此看来，工业4.0离我们并不遥远，我们的生产生活周围早已有了工业4.0的身影。精益管理在制造业领域的应用将加快我们朝工业4.0奔跑的步伐，因此，中国要想快速实现工业4.0，还需在工业领域深入推进精益管理，这是时代发展的需要，也是加快全球工业转型升级的需要。

⚙ 迎接绿色制造的新能源时代

如今，全球面临的现状是环境污染、生态破坏、能源资源一日匮乏，面对这样的全球性问题，加快实现经济的可持续发展已经势在必行。工业4.0时代，工厂、产品、物流都被赋予了智能化，不仅提高了劳动生产率，也改善了原材料和能源的浪费情况，实现了节能减排、绿色环保的智能制造，这是德国发展工业 4.0 的愿景，也是中国实施《中国制造 2025》战略的美好愿望。

2015 年颁布的《中国制造 2025》战略中明确指出国家实现工业 4.0 的基本方针是"创新驱动、质量为先、绿色发展、结构优化、人才为本"，并强调坚持把可持续发展作为建设制造强国的重要着力点，走生态文明的发展道路。同时还强调要全面建设绿色制造工程，推行绿色制造，全身心致力于高效、清洁、低碳、循环的绿色制造体系的构建工作。

北京神雾环境能源科技集团全面响应国家《中国制造 2025》的号召，致力于从源头上防治大气雾霾，以蓄热式高温空气燃烧技术及直接还原炼铁技术为核心，成功研制了 8 项节能减排技术。这 8 项技术分别应用于石油化工、火力发电、钢铁冶炼、有色金属、煤化工等领域，很大程度上提高了石化能源、矿产能源以及可再生资源的燃烧效率，减少了污染物的排放，真正地实现了节能减排、清洁生产。

我国全面推进绿色制造是我国实现工业 4.0 的必然选择，如图 8-3 所示。

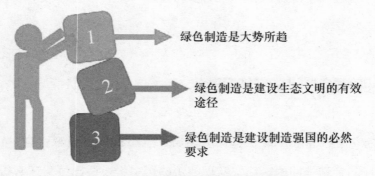

1 绿色制造是大势所趋

2 绿色制造是建设生态文明的有效途径

3 绿色制造是建设制造强国的必然要求

图 8-3　绿色制造是实现工业 4.0 的必然选择

首先，绿色制造是大势所趋

绿色制造实际上就是指降低能耗、物耗，使生态环境的破坏程度降到最低，实现循环经济和低碳制造，使得经济发展与自然相协调。绿色制造是经济社会高度发达的情况下提出的全新理念，也是当今全球，尤其是中国实现工业 4.0 时代智能化、可持续化发展的潮流和趋势。绿色制造既能加快经济的高速发展，又能不破坏生态环境的平和，从而实现了发展与环境的双赢。因此，绿色制造是全球发展节能环保工业 4.0 的大势所趋。

其次，绿色制造是建设生态文明的有效途径

生态文明意味着人类与自然能够和谐共处、良性互动、持续循环，然而，生态文明是工业文明发展到一定阶段才能够实现的，如果一味地只求生产率而毫不顾忌自然生态的破坏，那么这样的工业生产就是极其低下的生产方式。工业 4.0 强调的就是生产制造与能源环境的和谐统一，因此，唯有达到人与自然和谐发展才能推动我国的现代化建设朝着文明阶段前行。

最后，绿色制造是建设制造强国的必然要求

日本向来重视工业，认为工业是其立国之本。对于任何一个国家来讲，工业都是发展其他产业的基础所在，我国也不例外。纵观我国制造业现状，产品资源能源消耗量过高、劳动力成本优势日趋减弱，加之，全球正处在一场轰轰烈烈的"绿色经济"变革中，我国要想建设制造强国，需要统筹资源优势，加快制造业的绿色发展，提高绿色生产力，增强绿色综合国力，提升绿色国际竞争力。这就要求我国的制造业与自然环境、资源能源友好发展。只有这样才能使我国的制造业发展践行《中国制造 2025》的方针政策，快速实现制造强国之梦。

据统计，2014 年我国总能源消耗量达到了 42.6 亿吨标准煤①，其中煤炭消耗量占到了全球消耗量的一半。原油进口 3.1 亿吨，占国内消耗量的 59%。我国人均水资源占有量仅仅为 2100 立方米，仅达到了世界平均水平的 1/4 左右。主要污染物，如二氧化硫、氮氧化物的排放量分别为全国污染物排放量的 90%、70%，烟尘、粉尘排放量占到了全国总排放量的 85% 以上。几乎所有的常规污染、持久性污染、重金属污染都是来源于工业领域。由此看来，要想把我国快速建成制造强国，实行绿色制造刻不容缓。

《中国制造 2025》将绿色制造放到了一个极重要的位置，并将其列为五项重点工程之一。但是目前我国制造业的现状依然不容乐观，很多企业依然采取高投入、高消耗、高排放的粗放型发展模式，唯有绿色制造才能彻底解决当前制造业与资源、环境之间的问题，才能使我国更加从容地迎接绿色制造的新时代，才能使我国工业 4.0 的发展更具前景。

⚙ 从"中国制造"到"中国智造"

放眼望去，"中国制造"的产品几乎遍布全球，因此，21 世纪对于全球来讲，已经成为"中国制造"无处不在的时代。

2015 年年初，中国游客去日本抢购马桶盖、电饭煲的消息引发热议，虽产

---

① 标准煤：标准煤亦称煤当量，是具有统一热值标准的能源计量单位。我国规定每千克标准煤的热值为 7000 千卡。将不同品种、不同含量的能源按各自不同的热值换算成每千克热值为 7000 千卡的标准煤。

品是从日本购买的，但是却明确标有"中国制造"的字样；韩国市场上的"中国制造"产品正在向其高新技术产品扩散，"中国制造"的产品在韩国的市场占有率逐渐提高；美国、泰国、马来西亚、埃及、南非等国家销售的绝大多数商品都标有"中国制造"。这充分说明中国这个"世界工厂"已经把"中国制造"输送到几乎地球上的每个国家，遍布外国商场、超市的每个角落。

《中国制造 2025》出台以后，正式将智能制造作为我国的主攻方向，《中国制造 2025》认为智能制造指一场全球范围内的技术革命，也是中国实现转型升级的必经之路。将中国的智能制造放到了国家战略的高度，使得"中国制造"向"中国智造"的升级成为了中国急切的时代命题。

如今，中国走"制造"之路已经成为很多人的共识，那么中国该如何走从"中国制造"到"中国智造"的道路呢？

一方面，加强制造业体制改革

从"中国制造"到"中国智造"，对于中国的制造业来讲是一次产业大变革。大变革的过程中，必然需要有全新的技术创新来推动其发展，更需要对制造业体制进行改革，才能加快变革的实现。

信息化的不断发展，在一定程度上促进了制造业体制的改革，给制造业企业带来了大规模生产到个性化定制的转变，与此同时也加快了物联网、云计算、互联网、大数据等技术的应用，提升和强化了公共服务和管理的能力，加大了技术创新的力度，提升了智能化操作平台的工作水平，从而实现了互联网时代人、物之间的互联互通，成为企业实现在线办公的主要途径和重要突破口。

此外，"中国智造"需要科技体制改革的进一步深化做支撑。加快制造业企业的技术创新与研发创新的体制，强化科技资源的共享，完善科技项目、经费的管理和制度及科技评价、奖励制度，建立高端优秀科技人才的重点培养制度等，可以促进我国制造业在相关法律、法规方面的规范，并保证其可以有效落实，这些将为中国向"智造"的发展提供有利的保障。

另一方面，实现管理模式的创新

智能化制造业需要企业管理模式的创新做坚实的后盾。"中国智造"的主体就是各个大中小型企业，在全球"智能制造"如火如荼的大环境下，各个企业更需要加强自身管理模式的创新。要加快实现"中国智造"，一味地闭关自守进行自我创新的研究还是不够的，还需要借鉴国外的先进管理模式。只有找到适合自身发展需求的创新管理模式，才能重塑企业的竞争力，真正实现"中国制造"的转型升级。

此外，做创新性研究还需要有充足的经费为后续的发展创新做准备，创新竞争力的提升还需加大创新的投资力度。

奇瑞汽车可谓是中国汽车产业发展史上的一个奇迹。从 1999 年 12 月 18 日第一辆奇瑞汽车下线以来，至 2014 年，累计销售总量达到了 455379 辆，国内累计销量达到了 353091 辆，2015 年国内汽车销量达到 40 万辆。究其成功实现销售奇迹的原因，主要在于奇瑞汽车的创新管理理念。奇瑞非常崇尚创新，在产品研发过程中，特别强调项目的创新管理，对项目管理过程、分解、预算、进度状态等的管控都提出了非常高的要求，使得其产品研发人员无论在车厂、配件厂、售后服务中都有章可循。在进行管理模式改革初期，为了适应变化的多样性，奇瑞引进了一套比较完整的项目管理平台，对管控的流程随时做出调整，实现了精细化、智能化的管理模式，实现了切分式项目管理，极大地提升了研发效率，另外还使得整个项目的流程、管理模式更加标准化、智能化，能够更加便捷、精准、智能地做出投资预算。奇瑞在管理模式上的变革，也使其产品的研发创新实现了智能化，也加快了其向工业 4.0 靠拢的速度。

如今，全球工业 4.0 的时代才刚刚拉开了序幕，各国的制造业在未来的发展道路上必然精彩纷呈，中国制造业的变革也必将使中国未来的发展前景更加广阔。"中国智造"是推动全球制造业增长的最活跃的力量，加强"中国制造"向"中国智造"的转型势在必行。

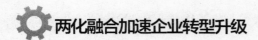

两化融合加速企业转型升级

所谓两化融合就是指信息化和工业化的深度融合，从而实现信息化带动工业化、工业化促进信息化发展，实现工业化道路的创新。两化融合的核心其实是信息化，通过两化融合可以实现经济的可持续发展。信息化与工业化的融合主要包括技术融合、产品融合、业务融合、产业融合 4 个方面。

我国目前正处在"十三五"初期，每个企业都在积极响应"十三五"战略，尤其是对于制造业企业来讲，在新一轮工业革命的大环境下，全面实现两化融合，以工业互联网、信息物理系统、制造业创新网络为特征的智能工业将成为我国迈进工业 4.0 时代的重要举措，从而实现设计智能化、产品智能化、制造智能化、经营智能化、服务智能化。实现两化融合将为我国工业转型升级奠定坚实基础，因此大力推进我国两化融合势在必行。

1. 智能制造是两化融合的突破口

在新一轮工业革命的影响下，国内航空航天、飞机制造、汽车制造、电子制造等行业纷纷向智能化迈进。"2015 年信息化和工业化融合发展十大趋势"发布会议 2015 年 1 月 5 日在北京召开，发布会着重强调："制造业要以智能制造为主攻方向，大力推进量化深度融合，并将组织实施智能制造试点示范专项活动。"该会议所强调的制造业以智能制造为主攻方向，强调加速我国智能制造在工业领域的应用和推广。在不久的将来，我国将全面进入智能制造模式、智能制造应用的热潮期。

本溪钢铁有限责任公司简称本钢集团，积极响应国家"十二五"战略，在2015 年 11 月 2 日印发了《两化融合管理体系管理手册》，这标志着我国的两化融合管理体系将全面进入试运行阶段。其实，自 2015 年 4 月 20 日本钢集团就开始着手两化融合管理体系贯标工作的实施。通过推进两化的深度融合，本钢集团实现了研发、采购、销售、生产、物流、用户服务整个流程的转型升级，并且实现了个性化定制，从而满足了广大消费者的个性化需求，达到了精益制造的目的。与此同时，本钢集团还利用大数据等信息技术推进两化融合，提高了其智能制造的能力，优化了资源配置。因此，可以说，两化融合推动了本钢集团向智能化新型钢铁行业迈进的步伐，促进本钢集团实现了转型升级的战略目标。

2. 加强智能机器人和高端装备制造的自主研发能力，推进两化融合

目前，国内智能机器人和高端装备制造业增长日益迅猛，自主研发能力的提高是加强两化融合的重点。因此，我国应当全面制定智能装备自主研发路线图，针对智能制造生产线、智能工厂建设的需求，研发出成套的智能装备、智能机器人、3D 打印设备等，并严格制定汽车行业、家电行业、医疗行业、航空航天、电子行业等智能装备的自主研发路线图，全面加快我国智能产品的研发和生产。

3. 在工业互联网时代来临之际全面进行前瞻布局，加速两化融合

工业互联网是智能制造实现的必经之路。因此要想提早实现工业互联网，就必须加速筹谋规划，研究制定相应的工业互联网发展路线图，制定工业互联网的整体网络架构图，并在传感、通信系统协议等方面加强网络信息安全等的部署。

4. 加快信息网络基础设施的建设，从而支撑两化融合的进一步增强

我国的宽带网络已经进入 4G 时代，众多大型企业以及中小微企业的接入能力都将有很大程度的提升。我国为了有效应对智能制造以及工业互联网建设的需求，进一步加强宽带网络服务的提升，以及加快信息基础设施的建设，从而推动下一代互联网与移动互联网、物联网、云计算等技术的融合，使得面向工业应用的网络服务能力上升到一个新的台阶。

5. 工业大数据加快了两化融合实现的进程

目前，随着智能制造的不断应用，工业大数据的价值将逐渐凸显，其应用也将随之逐渐增加。面对大数据应用逐渐深化的趋势，加快工业大数据人才的培养、组织开展工业大数据试点示范等已经成为加速两化融合进程的重中之重。

125

2015 年 6 月 9 日，中国工业大数据创新发展联盟在北京正式成立，浙江为我国的信息化与工业化深度融合以及工业互联网与大数据的发展起到极大的推动作用。目前，以大数据、云计算、互联网为代表的新一代信息技术在工业转型道路上的作用愈发凸显，《中国制造 2025》和"互联网＋"两大战略推动了中国的工业 4.0 发展，也深化了两化融合，而工业大数据的应用则全面提升了我国的工业生产力、竞争力、创新能力，从而加快了我国工业转型的步伐。

由此可见，我国实现两化融合是实现《中国制造 2025》的前提，也是我国制造业向工业 4.0 转型升级的必经之路，从以上五方面加快两化融合是我国所面临的重要课题。

⚙ "互联网 +"重塑中国制造工业 4.0 商业模型

目前，我国的制造业面临诸多方面的挑战：一方面，劳动力、土地成本快速上升，国内经济转入中速增长期，资源环境的约束进一步增强；另一方面，我国出台《中国制造 2025》战略，为我国制造业未来的发展提供了指路明灯，优化了我国的资源配置、提升了经济效率和质量。

在 2015 年 3 月 5 日的十二届全国人大三次会议上，政府工作报告中首次提出"互联网 +"的行动计划。"互联网 +"计划的重点是促进云计算、物联网、大数据等新一轮信息技术与现代制造业、生产性服务业等的融合创新，为我国的产业智能化提供支撑，为我国经济的发展提供动力。

我国工信部统计显示，工业互联网是"互联网 +"战略的发展方向，在未来 20 年，中国工业互联网可能给我国带来至少 3 万亿美元的 GDP 增量。未来，我国无论是互联、集成，还是智能生产、数据处理等都将受益于互联网。据工业互联网领域权威机构 GE 从全球角度分析估计，工业互联网有望影响 46% 的全球经济。

另外，在 2015 年 5 月 8 日颁布的《中国制造 2025》中强调："要顺应'互联网 +'的发展优势，以信息化与工业化深度融合为主线，强化工业基础能力，提高工艺水平和产品质量，推进智能生产、绿色制造。促进生产性服务业与制造业的融合发展，提升制造业层次和核心竞争力。"这就意味着，《中国制造 2025》将"互联网 +"作为我国发展工业 4.0 的主攻方向，将通过"互联网 +"来重塑我国制造业工业 4.0 的商业模型。

　　"互联网 +"概念提出以后，制造业各个企业都开始掀起了一股积极探索和融合互联网的热潮。就传统制造业而言，"互联网 +"是互联网作为当前信息化的核心所在，利用互联网技术和工业生产的融合，借力互联网，可以实现企业内外部设计、研发、管理等工作的协同，并且实现商业模式的颠覆和重构，因此"互联网 +"将成为我国从"中国制造"走向"中国智造"的动力。

　　十二届全国人大三次会议和《中国制造 2025》重点提出了"互联网 +"概念，这将意味着"互联网 +"在我国制造业转型升级工程中扮演着举足轻重的角色。"互联网 +"通过信息技术对传统制造业、服务业等的生产要素进行重组，从而使得我国的传统产业在互联网的改造下实现了从增量到存量的变革，进而推动了我国传统制造业升级为"互联网 + 制造业工业 4.0"的商业模型。

　　鼎捷软件股份有限公司在实现客户应用价值驱动下，深感互联网在制造业领域对接工业 4.0 的重要性，因此制定了"互联网 + 工业 4.0"的全新商业模型。希望通过该模式可以帮助众多企业实现产业奇迹，突破从工业化迈向网络制造的重要关口；并通过互联，使得制造业企业释放闲置生产线、机器设备等资源；在互联网的环境下，吸纳时间、信息等碎片，并将其重新进行资源整合与利用，从而让生产制造更加简单化。

　　对于制造业而言，"互联网 +"给我国带来了一个来之不易的机遇。"互联网 +"在我国制造业领域的应用，不但使传统制造业实现了与互联网的融合，也使得高新技术产业与互联网实现了融合。在这个非常火热的"互联网 +"时代，这种融合并不是简单意义上的融合，而是一种创新，只有创新才能让"+"这个符号更具意义和更具价值。

读书笔记

下篇

实践篇

第9章

中国实现工业 4.0 的 4 个任务

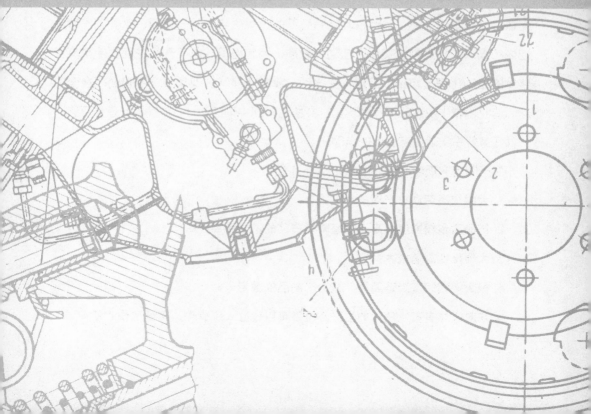

⚙ 生产制造自动化

前面我们讲到工业 4.0 的基础就是工业自动化，在工业自动化的工业 4.0 时代，制造业生产制造也必将是自动化。一方面，中国作为制造强国，但生产制造自动化程度不高，因此很难拥有强劲的竞争优势。另一方面，欧美等发达地区和国家的生产制造实现了自动化改造，因此提早完成了升级进程，使得其整体的自动化程度较高。因此，在这种"我弱他强"的现状中，中国要想在全球制造业领域中快速获得竞争优势，并快速实现中国工业 4.0，其中十分重要的一项任务就是实现生产制造的自动化。

生产制造实现自动化的优点如图 9-1 所示。

1. 大幅提高劳动生产率；

2. 产品质量精准度极高，大幅降低产品的不合格率；

3. 大幅降低制造成本；

4. 极大地缩短了制造周期，减少了制品的数量；

5. 在对人体有害、危险的生产环境下可以代替人工操作，降低了伤亡率；

6. 某些特定的操作环境中只能依靠机器自动化生产来完成。

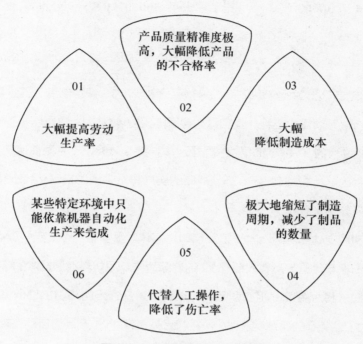

图 9-1　生产制造自动化的优点

　　生产制造自动化的这些优势可以帮助企业有效提升竞争力，因此，生产制造自动化已经成为企业提高产品质量、参与国际市场竞争的必要条件，生产制造自动化也是实现工业 4.0 的必然趋势。

　　在此，我们做个简单的对比。拿油墨生产行业为例。一条全自动的油墨灌装生产线上仅需要 2 个管理人员即可胜任所有工作。从成本方面来考虑，购进一条生产线所需费用大概为 16 万元，其中包括防爆灌装机、传送带、上盖机、贴标机等，假设每年的维护费用大概为 3000 元，每位管理员每年的工资为 3 万元，整套生产线的生命周期为 5 年，那么 5 年总计费用为 160000+30000×2×5+3000×

5=475000 元。然而，一条传统的灌装生产线至少需要 6 名员工，并以每位员工每年工资为 30000 计算，5 年总计费用为 30000×6×5=900000。由此可见，生产制造自动化降低了不少成本。

《中国制造 225》战略明确了中心建设、智能制造、绿色制造、工业强基、高端装备创新这五项重大工程，其实这与德国的工业 4.0 以及美国的再工业化的深度内涵是相吻合的。只有自动化才能发展智能制造，才能推动中国快速向工业 4.0 时代挺进，因此《中国制造 2025》战略的实施将给中国的自动化行业带来全新的发展契机。

生产制造自动化实际上属于工业自动化范畴，是国家"十二五"重点扶持的对象。在未来 5 年里，随着人口红利①的逐渐消失，原材料能源成本的不断上涨，中国制造业必将从传统的粗放型向节约型转变，并最终向高附加价值模式转变。届时，作为工业 4.0 的高端制造业，中国"智造"必然向生产制造自动化转型升级。目前，国内已经有很多制造业企业开始全面进入生产制造制动化时代。

富士康作为世界上最大的代工生产（OEM）制造商，拥有了世界上最为先进的制造工业和先进的管理理念，以及先进的自动化生产线。在实现生产制造自动化之前，一个生产线需要 48 人来工作，一年的工资为 460.8 万元。然而引进自动化生产线以后，工作人数降为 7 人，工资一年节省了 393.6 万元，然而购买自动化生产线所花的资金总额仅为 350 万元，其中的差距悬殊显而易见。更为重要的是机器无需更多的人员进行看管，而且还可以不间断地进行生产制造，从而很大程度上提高了产能。

---

① 人口红利：是指一个国家的劳动年龄人口占总人口比重较大，抚养率比较低，为经济发展创造了有利的人口条件，整个国家的经济呈高储蓄、高投资和高增长的局面。"红利"在很多情况下和"债务"是相对应的。

　　总之，随着全球工业进程的加快，生产制造自动化成为了当下的一大发展趋势，在机器替代人工的浪潮下，我国只有全面实现生产制造自动化才能不被国际市场所淘汰。因此，生产制造自动化是我国目前实现工业 4.0 的一项重要的任务。

流程管理数字化

　　流程管理实际上也叫业务流程管理，是一种用来持续提高组织业务绩效的系统化方法，其主要是针对企业内部的预测、补货、计划、签约、库存控制、信息沟通等进行改革。

　　随着信息技术的不断发展，流程管理也有了其全新的内涵，即通过数字化业务流程管理，实现信息技术和企业生产工艺以及管理流程、自主管理体系的有机结合，为企业的发展带来全新的契机。在工业领域，无论大中小微型企业都应有自己的流程管理，企业的流程管理犹如人的神经中枢一般，起到了整体把关、全面掌控的作用，只有全面优化流程管理，才能使企业高效运转，进而创造出更多的价值。

　　在工业 4.0 时代，流程管理更加趋于数字化，这是工业 4.0 的发展要求，也是一个企业未来的发展趋势。目前，国内外诸多企业的业务流程管理已经依靠信息化平台实现了数字化的流程管理。

　　所谓数字化的业务流程是指依靠业务流程管理平台，组建业务流程的数字化、结构化模型，通过 IT 系统实现其相关流程，最终使得企业的业务流程达到可观、可测、可动的目的，从而提高组织整体绩效和敏捷反映的能力，最终实现企业精细化经营运作、精细化管理创新等。通常，数字化流程管理在企业业务运行中，会通过流程监控以及数据分析，发现流程中的断点、痛点，从而将流程不断进行改进和优化，最终实现企业管理的变革和创新。

《中国制造 2025》作为中国版的工业 4.0，也将流程管理数字化作为实现工业4.0 的一项重要任务，就要求各制造业企业加快实现业务流程管理的数字化转型。

在我国的传统型企业中，很多企业都无法满足客户所盼望的能够快速交付产品和服务、实现无缝对接用户体验的需求。因此，中国在迈向工业 4.0 时，数字化催生了借助高级算法和信息渠道来解决该问题的企业，重新改造了其整体业务流程，使之不仅提高了自身盈利率，还能取悦客户，实现了迅速交付数字化产品和服务的可能，从而大举进入甚至颠覆了传统型企业和市场的发展模式。

拿我国的印刷业为例。我国的印刷业随着科学技术的不断进步，有诸多印刷企业已经建立了一整套高效、优质的数字化生产流程管理，并通过该流程提高了产能和产效。浙江华人数码印刷有限公司是一家为国际 IT 类客户提供印刷外包服务的企业，所面对的都是一些极为挑剔、苛刻的大牌用户，为此，华人数码印刷公司开始逐渐改进和完善印刷流程，提高印刷技术水准。之后引进了条形码技术的数字化流程控制系统，对印刷流程的每个环节进行有效监控，从而减少或者杜绝了印刷过程中导致的错误，避免了以往出现错误后才想方设法进行弥补的问题，有效提高了企业风险防范能力，提高了产品的品质。与此同时，该系统还代替了以往人工检查的方法，降低了人为疏忽（故意、心情、遗忘等）所带来的损失，利用智能的方法达到预防为主、及时纠正的目的。

由此，我们不难看出，数字化流程管理在制造业中的应用还可以防止诸多不必要的错误发生，有效地控制了生产过程中各个环节的错误率，提高了企业口碑和认可度，并且节省了中间产品的物料消耗，达到了降低成本的目的，推动了企业经济效益的提升，如图 9-2 所示。然而这些优点恰好都是我国实现工业 4.0 的美好愿景中的一部分，因此，我国制造业实现流程管理数字化势不可挡。

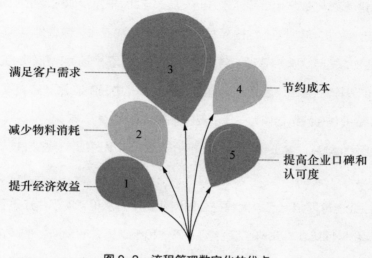

图 9-2　流程管理数字化的优点

企业信息网络化

2015 年 11 月 4 日，国务院总理李克强在国务常务会议上发表讲话时，指出"我国在机械化、电气化、信息化的第三次工业革命之后，正在迎接一场信息网络化的新工业革命。"国家将这场即将到来的工业革命即第四次工业革命定义为信息网络化革命，并给予极大的重视。

诚然，随着现代信息技术的兴起与发展，人类已经全面进入了信息社会，信息技术对于人类的重要影响都是通过信息网络化来实现的。信息化网络是科学技术发展与社会需求增长的产物，对于生产力的发展和社会文明的进步具有明显的催化作用。当今世界，以信息技术为代表的高新技术将会突飞猛进，微电子、软件、通信、因特网技术等取得的突破性进展，以及计算机、通信与媒体技术的加速融合，推动了信息技术向数字化、智能化方向发展。与此同时，人类社会也逐渐向信息社会推进，使得全球的产业结构都发生了翻天覆地的变化，信息化网络已经深入制造业企业的生产、物流、管理等各个环节，从而引起了一场轰轰烈烈的工业变革，即工业 4.0 时代的到来。因此，中国要想加快实现《中国制造 2025》的战略目标，就必须将企业信息网络化作为一项重要任务来完成。

在制造业领域，企业信息网络化将给制造业带来更加广阔的发展前景，主要表现在以下 4 方面。

1. 企业信息网络化可以大幅提高制造业生产力水平，实现生产过程的自动化、智能化、网络化，带来了企业制造模式和组织模式的创新，使得企业间全球化的分工协作更加频繁、便捷，也使得制造业企业的管理水平和组织模式向更加先进的方向发展。因此，制造业企业信息网络化对于我国的传统企业，尤其是推动我国迈向工业 4.0 时代的进程中起到了巨大的作用。

2. 企业信息网络化将使人类消费方式产生重大变革，可以有效地解决制造业企业与消费者之间信息的不对称问题。

3. 企业信息网络化将最大限度地满足消费者日益增长的个性化消费需求，与此同时，企业信息网络化还可以创造消费需求的个性化。

4. 信息网络化推动传统产业的技术升级。信息技术代表着先进生产力的发展方向，信息网络化使信息的重要生产要素和战略资源的作用得以充分发挥，使人们能够更加高效地优化资源配置，从而推动产业的不断升级，表现在以下三方面。

（1）利用信息技术，将其嵌入传统的生产设备中，从而使得产品智能化、网络化，从而实现产品的转型升级。

（2）计算机在制造业生产过程中起到了重要的辅助作用，可以极大地提高企业的技术创新能力。

（3）计算机辅助制造技术活工业成产过程，实现对产品制造的自动控制，从而提高生产效率、产品质量和成品率。

回顾德国工业 4.0 战略的重点，不难发现，实际上，德国工业 4.0 概括起来也就是"信息网络化"，是将各大中小型企业通过互联网连接起来，并且借助全社会乃至全球的工业生产力量来实现传统工业的改造。

回到我国的《中国制造 2025》战略，要想快速迈进工业 4.0 就必须考虑目前的国情和社会实际需求，充分利用信息网络化来使中国制造脱胎换骨，改变传统工业的研发、生产、物流、营销模式。

137

近期，格力空调就结合我国当前的国情和社会需求，推出了一款智能空调，可以借助互联网实现远程监控维修和手机联动。如果上班匆忙出门忘记关空调，就可以使用手机与空调的联动功能将家中的空调关闭。如果想下班后一到家就能够享受清凉舒爽的感觉，就用手机提前将空调打开，达到了省心、省电、舒心的目的。

拿制造业企业的仓储来讲，仓储是物流的重要一环，也是企业进行货物存储管理的核心所在。企业生产经营决策的制定，需要仓储及时地把库存货物信息反馈给管理部门，再充分结合物品的储备、存放地点、销售速度等因素，使制定的决策更加精准。高效的物流管理是建立在对物流进行整体控制上，因此，就要全盘掌握仓库、厂商、物流管理者、运输工具、消费需求等，并在这些节点之间建立有效的信息网络，实现仓储信息共享，通过信息网络来把握物流的进行情况，做到仓储信息的网络化。

由此可见，企业信息网络化对于制造业企业来讲犹如一柄利剑，对整个制造业的生产过程，无论是从生产、库存、物流、销售，还是从决策的制定等，都起到了联动的作用，我国走工业 4.0 的道路，也少不了企业信息的网络化。

智能制造云端化

近几年，在制造业领域中，谈得最多的就是工业 4.0。自从德国在 2012 年提出工业 4.0 概念以来，各个国家争相发展工业 4.0，从而使得"工业 4.0"成为全球整个制造业领域极具影响力的词汇。各国制造业将智能工厂、信息物理系统作为实现工业 4.0 智能制造的基础，与此同时也孕育出诸多属于制造业的云端技术应用，实现了智能制造云端化。

随着大数据、云计算技术的不断发展和应用，全球人工智能产业的发展将大幅加速，在我国同样也适用。例如，利用大数据、云计算可以加速我国医疗领域人工智能的新疗法，全面促进医疗产业的创新发展；另外，在云计算的帮助下还可以带动工业机器人、无人驾驶汽车等全新产业领域实现腾飞。因此，智能制造云端化的作用则更加凸显，将成为新一轮工业革命发展的助推器，加速智能制造的发展进程。

目前，一方面，中国是"制造"国家，而不是"智造"国家；另一方面，全球正在加紧实现工业 4.0 的转型升级，诸多国家都绘制了自己未来工业 4.0 的发展蓝图，如德国的"工业 4.0"、美国的"工业互联网"、日本的"工业 4.1J"、韩国的"制造业创新 3.0 策略"，都在向工业 4.0 步步紧逼。结合我国的现状，以及全球实现工业 4.0 的呼声越来越高的局面，中国也不甘落后，提出了《中国制造 2025》战略，旨在推动我国产业升级、迈向智能制造。

然而，不论是中国的《中国制造 2025》，还是德国的"工业 4.0"，抑或是美国的"工业互联网"以及其他国家版本的工业 4.0，其精髓都在于将云端、大数据、物联网、机器人、自动化等所有元素都串联起来，从而实现相互感知、预测、协同、沟通等，使得传统工业制造的优势得以延续，并在其基础上实现功能加值，达到智能制造的目的。然而，实现这一切的关键还在于云端。

在制造业中，从事工具机业的人通常利用信号收集器收集来自实体机器的数据，另一方面又从 MES 系统获取机械数据，将所获得的两组数据全部放入数据库中，并且建立详细的数据信息。之后，工具机业的从事人员还将这些数据信息全部传送到一个机遇 IMS 云端架构的虚实集成系统，即 CPS 系统中。在该系统中，不但有云端服务器提供运算数据，而且还包含了信息处理、健康评估、故障诊断、自我修复、寿命预测等功能。接着，CPS 系统将所分析的结果回馈给数据库，这样数据库就可以根据各个代号如 A、B、C 等来体现各台网络制造设备的健康状况。因此，负责远程监控的管理者都可以明确每条机器的工作是否正常。

在这种情况下，工具机厂就从传统的销售制造设备转变为了销售"产能"：在提供技术支持的时候，如进行制造设备数据设定、远程参数设定、接收报修、异警设备保修等服务，同时还为客户量身定制专属云端服务，为整个机厂提供制造设备的智能检测、智能制造、生产效率管理等，从而使得客户可以进行不间断生产，使得加工技术达到最优化、生产效率达到最大化，从而扩大收益基础。

智能制造实现云端化的好处有很多，主要表现在以下几方面。

首先，制造业企业不需要进行大量硬件设备的投入，也不需要增加信息管理人员，可以利用云端服务为供货商提供相应的服务，在短期内就可以实现产品的交付。这对于我国这样的"制造"而非"智造"的大国家来讲，是实现国家在全球工业 4.0 智能制造市场竞争中取得一席之地的法宝。

其次，云端服务作为一项虚拟化服务，可以帮助企业在云端的资料备份得到有效的保障。这样，国内的制造业企业就可以将自有的数据、应用程序放在云端，通过网络实现制造业企业之间的信息共享，并且可以利用这些数据取长补短，有效地提高了国内制造业企业的整体运营效率。

最后，国内的整体智能制造企业都通过网络实现了互联互通，使得智能手机、电子图书等实现了联通，再加上网络化的普及、频宽[②]的提升，以及全球化互联网浪潮的不断兴起，管理人员只要在办公室就可以对整个智能制造的的信息进行实时监控。透过云端服务可以让信息流随时流入生产设备当中，帮助制造业企业快速做出决策，从而提升企业的竞争力。

由此可见，智能制造过程中云端服务的重要性。实际上，**对工业 4.0 进行一番深入研究之后，我们并不难发现，在工业 4.0 的生产"智造"过程中，每个环节都离不开云端的身影**。特别是作为工业 4.0 核心的信息物理系统应用环节中，云端与大数据之间的协同合作将更加深入，这也是推进工业 4.0 实现智能制造的重点方向。因此，我国在大力发展工业 4.0 的同时，应当将智能制造云端化作为一项重要项目来进行。

---

② 频宽，宽带在模拟信号系统被称为频宽，是指在固定的时间可传输的资料数量，亦即在传输管道中可以传递数据的能力，通常以每秒传送周期或赫兹（Hz）来表示。

下篇
实践篇

第 10 章
不同行业在工业 4.0 时代的转型技巧

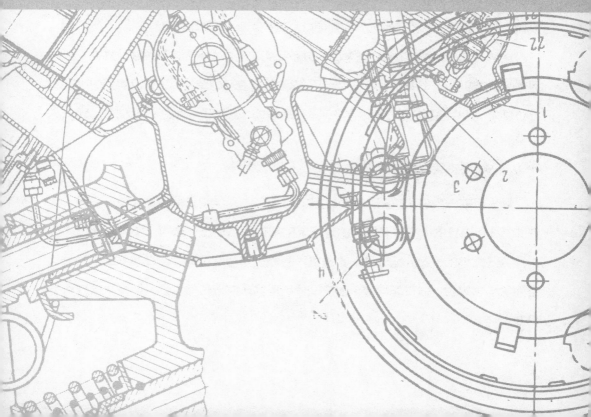

纳米机器人成为医疗领域的智能医生

智能眼镜、无人驾驶汽车、热气球／卫星 Wi-Fi 等高端智能产品诞生之后，谷歌又在"WSJD 在线"全球技术大会上隆重推出了一款纳米机器人。该纳米机器人可以进入人体循环系统，为癌症以及其他疾病进行早期诊断。

该纳米机器人轰动了整个医学界，并且受到了全球人类的广泛关注，成为了医疗领域迈向工业 4.0 时代的一大创新，以前只有在科幻影片中才可以看到的医疗机器人，如今已经实实在在地存在了，给医学领域带来了一场史无前例的变革。

小粒子，大作为

早在谷歌提出纳米机器人概念之前，诺贝尔物理学奖获得者查理德·费曼在 1959 年进行的《底层有很大的空间》的演讲中就提出：未来人类可以通过一种分子大小的机器人把分子或者是更小的原子作为建筑构件，在非常细小的空间里构建物质，即在非常微小的空间里利用纳米制造任何东西，即纳米操作机器人。

然而，无论是查理德·费曼提出的纳米操作机器人还是谷歌的纳米机器人，其本质都是以分子水平的生物学原理为设计原型设计制造的可以对纳米空间进行操作的"功能分子器件"，都属于分子仿生学范畴。

实际上，这款纳米机器人是一种纳米磁性粒子，虽然难用肉眼识别，但是其作用确实是非常巨大的，可以用于医疗领域的医疗诊断和疾病治疗。

2010 年 5 月，美国哥伦比亚大学的科学家成功研制出了一款由脱氧核糖核酸（DNA）分子构成的只有 4 纳米长的纳米蜘蛛机器人，其长度比人类的头发直径的十万分之一还小。该机器人可以随着 DNA 进行自由走动、转向、停止，并且还可以在二维物体表面行走自如。

医学领域的智能医生

这种纳米机器人在医学领域的应用是非常有前景的，不但可以治疗人类疾病，甚至还可以改变人类的命运。

拥有纳米机器人，未来人们发烧感冒就无需打针吃药，只要将纳米机器人植入患者血液中，机器人就会在人体内自动找到患者的感冒病毒源头，并在该源头直接释放药物杀灭病毒。另外，纳米机器人可以对人体进行 24 小时不间断的监控、预测和评估，能够及时发现身体状况的变化，并且采取措施及时控制病情。

对于癌症患者，可以将纳米机器人植入患者体内，通过人工智能的方式消除癌症病原体，并对单一细胞进行诊断、修复。这种方法实际上与化学疗法的原理十分相似，癌症治疗的试剂可以在纳米机器人的帮助下进入癌变组织，利用纳米颗粒来搜寻病变癌细胞，既达到了治疗的目的，又使周围的健康细胞不受损害。

此外，纳米机器人还可以用于头颅手术。大脑内毛细管非常纷繁复杂，因此在进行头颅手术的时候必须要精细，纳米机器人恰好有这方面的优势。使用纳米机器人进行手术可以很大程度地降低手术风险系数。

纳米机器人在医学领域还有很多方面的应用，如精确杀死癌细胞，清除动脉壁上的脂肪沉积、粉碎结石，从而变革整个医疗行业。更重要的是，还可以延长人类的寿命。随着人类老化，细胞也将失去活性，肌肉组织将退化，纳米机器人可以利用修复能力，将人体的老化细胞进行修复、调整、替换，从而保证人类的新陈代谢与身体机能保持稳定，从而延缓人类衰老。

我国目前也成功研制出了一款纳米操作的机器人系统样机。该样机是由中国科学院沈阳自动化研究所完成的，可以在纳米尺度上切割细胞染色体，拥有诸多世界先进功能。另外，我国重庆的一个研究所也研制出了一款全球领先的"MOMO 胶囊内镜系统"的纳米机器人，患者将该机器人的胶囊吞下后，该机器人会将体内的图像反馈到电脑屏幕上，从而进行人体检查，这种方式无创伤、无痛苦、无交叉感染，并不会因此而影响患者的正常生活。

毋庸置疑，纳米机器人是当下最有魅力的机器人，纳米机器人的发展将经历三个阶段。

第一代纳米机器人，是生物系统和机械系统的有机结合，可以通过注射进入人体血管内，对人体的健康状况进行精细诊断，并给予相应的治疗。另外，该阶段的机器人还可以对人体器官进行修复、整容，还可以除去人体内有害的DNA，把有益的、正常的 DNA 植入基因中，使人体正常工作。

第二代纳米机器人，可以直接通过原子或分子结构装配成具有特定功能的纳米尺度的分子装置。

第三代纳米机器人，具有纳米计算机功能，可以实现人机对话。

到目前为止，纳米机器人的应用依然停留在研发试验阶段，用途已经从医学领域向外逐渐拓展，已经向环境领域等方向发展。纳米机器人可以数百万单位同时作业来清除空气中的污染分子，尤其是用于雾霾的清洁工作，这将给人类带来更加完美、舒适的生活环境。

相信未来，在工业 4.0 时代，纳米机器人将有更加广泛的甚至是不可思议的应用。例如，可以将纳米机器人植入人体神经系统，并与外界网络系统相链接，从而开发人类的智力和潜力，给人类的生活方式和工作方式带来无法想象的变革。

◆**本节小注**

纳米机器人在医疗领域的应用必将给整个医疗领域的发展带来前所未有的变革。

一方面，从医学角度而言，纳米机器人在医疗行业的应用可以极大地改善医疗效率，可以克服传统医学技术难题，还可以充当微型医生，检测到医生无法发现的病症。

另一方面，对于患者来讲，将获得精准诊治，减少和避免了误诊误治而造成的死亡风险。

纳米机器人的这些优于寻常医学诊断治疗的功能，必定会在医学领域有广阔的发展前景，当前制造业企业应当将自己的营销思维全面转型到纳米机器人的研究领域中，从而在提高自身市场竞争力的同时，造福人类，挽救生命。

⚙ 智慧农业云打造农业产业链新模式

从人类历史长河来看，粮食是人类的生存之本，更是经济稳定发展的基础。因此，无论哪个国家，发展农业生产都是国家的重中之重。在工业 4.0 时代，农业将在智能制造模式下获得全新的生产方式，进而打造农业产业链新模式。

随着互联网、大数据、云计算、物联网技术的不断兴起，农业也呈现出全新的生产形态。智慧农业云作为一种农业生产的创新形态已经成为现实。

以往，传统的农业生产采用的是人力耕种、灌溉、收割等，在整个农业生产各个环节中都离不开人的身影。然而，如今农场大棚内，拿着平板电脑操作就可以进行降温灌溉，即使突发暴雨而管理人员不在大棚内，也不必担心农作物受到损失，只要在手机上安装 App 进行操作，就可以迅速关上大棚顶上的遮帘。然而这一切还得归功于物联网技术。我们利用物联网技术，真正地实现了农业生产的智能化。

一方面，充分利用物联网技术实现智慧农业，可以全程遥控农业生产

以我国的重庆农业科学院为例，重庆市农业科学院是由农科所、作物所、果树所、茶叶所、农机所 5 个部分组建而成的，在农业生产方面取得了令人瞩目的成绩，利用物联网技术实现了遥控控制生产的智慧农业。

重庆农业科学院全面引进了现代育苗技术，实现了机械化、自动化育苗与规模化、标准化生产。利用传感器、采集器、控制器等控制蔬菜大棚内外气候，只要操作农业云平台的 App 就可以让蔬菜生长的温度控制在恒温 20℃。与此同时，还利用智能农业监控系统监控大棚内的光照、湿度等。工作人员只需要在办公室轻轻触动手中的鼠标，或者打开手机，随时都可以知道大棚内育苗的情况，按照设定好的适宜温度、湿度、光照数据，只要轻轻触动电脑屏幕就可以"要风得风，要雨得雨"，使得育苗工作变得更加轻松、便捷。

重庆农业科学院成功实现了智能遥控育苗，使蔬菜、瓜果、农作物的产量都有了很大的提高。重庆农业科学院有约 13 亩的育苗中心，每年可以生产 1 万株优质的蔬菜、瓜果、农作物种苗，可以满足 5000 ～ 10000 亩基地的生产需要。

另一方面，利用先进的智慧农业云，实现农作物绿色安全可追溯

以我国的黑龙江龙蛙农业发展股份有限公司为例。众所周知，黑龙江是世界三大黑土地之一的有机绿色农业之乡，是我国重点农业发展基地。黑龙江龙蛙农业发展股份有限公司在这片土地上致力于绿色、有机、安全、标准、可追溯的农业生产，为了让每位消费者能够知道每一粒大米的由来，使用慧云农产品溯源系统，实现质量管控，让每位消费者看到产品的生产流程，使得每一代龙蛙大米都有自己唯一的身份证——二维码，通过二维码可以知道这袋大米的品种、产地、种植、收割、加工、仓储、质检、配送等所有信息，消费者只要用手机扫一扫就可以对这些信息新一目了然。与此同时，客户的手机端安装了慧云智慧农业云平台软件后，从水稻播种的第一天开始，客户就可以对生产过程进行实时跟踪，通过视频、实时采集环境和生长数据了解土壤温度、湿度、光照情况以及大米长势，客户犹如亲临一般，可以掌握所有生产环节，让客户真正地放心食用。这种方式不但树立了企业品牌形象，还提升了客户黏性，在很大程度上提升了销量。

147

目前，智慧农业已经在我国全面展开，智慧农业云已经在上海、浙江、云南等多个省市得到了推广。智慧农业云用大数据指挥生产，让农业生产变得更加可靠、科学、高效，从而加速农业领域向工业 4.0 转型。

◆本节小注

智慧农业云的出现，给农业生产安上了腾飞的翅膀。目前我国已经有不少企业开始利用智慧农业云进行农业生产，因此，传统农业面临的是全面进行转型升级，要结合"互联网+"思维和技术，全面涉"电"触"网"，构建智慧型农业生态系统，逐步实现从"传统农业"向"智慧农业"的转变。

148

 ## 云端上的家居，领导智能新生活

未来家居行业必将是智能家居领导的时代。因此，众多家电巨头，如海尔、长虹、美的、创维、三星、西门子等都纷纷布局智能家居领域，一场围绕数字化、智能化的工业 4.0 大变革正在席卷整个家电制造行业。

虽然智能家居进入我国已经有十多年的时间，但是我国的智能家居并没有得到迅速发展，而是在近两年来才在这方面有较大的突破。究其主要原因，实际上是因为：一方面产品功能比较单一，产品的智能化程度并不高，用户并不能在使用智能家居的同时获得与传统家居不一样的高科技感受；另一方面，价格居高不下，普通消费者很难达到这个消费水平。但是，随着云计算的不断兴起以及普遍应用，这两个问题会得到有效的解决，将使智能家居大批量进入普通家庭。

基于云计算的智能家居系统，主要由云平台（数据中心）、控制端和家庭设备三部分组成，如图 10-1 所示。

首先，云数据中心实际上是一个提供云服务的服务集群，它可以：1. 通过网络接收来自家庭网关的数据并将其存储，根据控制端发出的指令将控制数据传输给家庭网关；2. 通过网络与控制端相连接，向控制段提供实时数据或者历史数据，接收来自控制端的指令；3. 提前内置大量家用设备控制模型，从而为家庭网关控制使用；4. 对已经存储的数据进行重新挖掘，从而进一步发现数据的价值。

云端

智能感应器

控制面板

智能移动
控制平台

中央空调

中央换新风

灯光控制

智能影音

安防监控

智能灯光窗帘

图 10-1　智能家居系统

以云计算为支撑的计算机基础设施将带来更多的海量数据，这些数据将成为推动家居实现智能化的核心动力。此外，云计算将很大程度上降低通信、家庭服务费用，使得智能家居进入普通家庭成为可能。通过云计算可以将一切可以整合的资源有效地整合起来，包括计算资源、存储资源等，并通过共同处理全球化智能家居业务的请求，按照用户需求灵活扩展相应的计算、存储，在此基础上联合物联网资源，形成智能家居领域最为重要的支撑平台。所以，云计算是实现家居智能化的最好工具，通过云计算可以建立一个云服务平台，所有的家居都会通过该平台实现智能化，因此该平台可以有效地控制智能家居设备。例如，用户认证、数据存储、与智能终端和家庭网关的联网等。另外，用户可以通过智能家居在云服务的帮助下获得更好的使用体验，与此同时也可以享受低价格带来的愉悦。

其次，控制端事实上是一个人机界面设备，是用户使用智能家居系统的媒介。计算机上的软件可以作为控制端，智能手机或平板电脑上的应用也可以作为控制端，智能电视机内置的功能也可以作为控制端。用户利用控制端可以获得系统各方面的信息，进而对系统尽心配置和使用。

人作为智能家居的操控者和使用者，也是推动设备实现智能化的一部分。通过被定位系统，智能家居系统可以感知到人的存在。

当你从客厅进入厨房的时候，感应灯就会自动感知到你离开了客厅并且存在于厨房中，因此厨房的灯光就会自动打开，客厅内的灯光则会自动关闭。通过感应人的存在与否，可以使得整个系统进入低耗运行状态。所有的这些感应、控制，都是云数据中心事先设置好的，而人则是整个系统智能化的服务对象。

最后，家庭设备涵盖的内容很多，包括家庭网关、传感器，以及各种被控制的设备。家庭网关在整个智能服务过程中起到了连接家庭内部网络和外部网络的作用，是一个连接设备。

智能家居的网关实际上是一个具有完整家庭组网和节点控制等功能的家庭资源管理和配置中心。通过无线组网技术，智能家居网关可以将家庭网络中的各个传感器开关节点相连接，通过标准的通信协议，对内可以对智能家居内部网络进行管理和控制，对外对家庭网络和外部网络的信息进行交互。家庭网关将传感器和被控制设备接入家庭网络后，再利用其自身功能，通过云数据中心来下载该设备的控制模型，从而让控制范围变得更加宽广。

关于在云计算的基础上实现家居的智能化已经有不少的现实应用实例。如异地遥控功能，房主在外地的时候就可以远距离通过手机 App 对室内的主机进行布防和撤防。当房主外出，就设置房主在家的虚拟场景，这样小偷就不敢轻举妄动；远程监听功能，主机一旦通过智能设备监测发现室内的燃气浓度达到了预设指标，可以及时监听和判断室内燃气浓度，以便及时采取措施，如自动关闭燃气阀，并且自动开启通风装置，将室内燃气排出。

可以说，云计算的应用必将是未来的一种趋势，将深入我们生活的每个角落；尤其是进入工业 4.0 时代，智能家居必将引领家居行业的巨大变革。这场变革将为广大用户带来更加便利、全面、舒适的服务，从根本上真正地实现智慧化生活。

◆本节小注

如今，智能家居已经逐渐进入每个家庭，企业应当顺应时代的发展，要学会以云端配合大数据进行灵活应用。一方面，要把云端融入企业运营中，包括可以在数据平台上搜索所需数据，还可以追踪日常货数据及物流信息等，有了云端大数据之后，管理人员就可以更便捷、全面地把握企业资讯；另一方面，要学会掌握数据的灵活性，拥有更多的优良、精准的分析工具，更重要的是更加快速地分析数据及资料，从而加速研发云端上的智能家居业务。

⚙ 智能巡检机器人成为电力行业新"劳模"

工业 4.0 对全球的影响不仅局限于工业生产的转型升级，对于电力行业来说，云计算、物联网以及大数据分析等技术，以及微电子产品、传感器、微控制器等，尤其是智能机器人在电力生产中的应用，使得电力行业也发生了重大转型。随着我国智能电网建设总体发展目标和规划的提出，集自动化、智能化等高新技术于一体的智能机器人在电力行业的应用，将推动电力行业"工业 4.0"进程。

目前，国家电网已经进入了机器人巡检的全面应用阶段，已经对机器人进行了工作部署，并且根据机器人的特点，增加其巡视深度，扩大巡视范围，加强后台管理。到目前为止，我国电网大力推广变电站智能巡检机器人，并大力开展技术创新，已经全面实现了机器人的视觉监测、红外测温、远程控制、智能分析、缺陷管理、气象数据采集以及自主充电等多方面功能的应用，对运维人员的工作起到了很大的辅助作用。

国网温州电力公司的运维班一共管辖 20 座变电站，以往依靠人工进行巡检，为了保证变电站安全、正常运行，每月按照规定要安排人工进行 92 次巡检。按每次巡检安排两名驾驶员和两名运行人员来计算，每月一共需要安排 276 人进行巡检作业。然而，引进了智能巡检机器人之后，整个情况就大有改观。每月只需派出 80 人进行巡检，使得人工工作量降低了 71%，但是巡检次数并没有大幅减少，巡检次数为 264 次，巡检次数是传统人工巡检的 3.3 倍。利用智能巡检机器人进行巡检作业，不但节省了人力，也提高了工作效率，使得监测更加精准。

在电力行业中，通常将智能巡检机器人的工作分为四类。

第一类是对变压器进行远程图像监测与诊断

机器人可以在无人值守的变电站迅速、准确地走到预设地点，通过机器人基站系统对移动体发送来的可见光图像进行分析，只传输分析结果或进一步确定图像。首先对采集图像进行预处理，对电力设备进行识别，通过将该图像与预设的图像进行差异化分析、累积图像分析、相关分析、区域标识、检测判断等工作。结合对应设备的参数，确定该设备是何设备。如果发现存在存储结果的畸变情况，则迅速向上一级传输并发出警告信号。没有通过智能巡检机器人传输的图像可以由调度人员远程调用。这样就使得信道[①]的传送效率有了很大的提高，与此同时，调度人员也无需目不转睛地的观察监视屏幕的变化状况。变电站中的电力设备种类繁多，在没有值守人员的情况下，利用智能巡检机器人对关键设备进行远程图像监测和状态诊断，并与其他监测系统相结合，使得变电站的运行安全性、可靠性有了极大的提高。

153

---

① 信道：指通信的通道，是信号传输的媒介。

第二类是对变电站进行远程红外监测与诊断

机器人运用远程在线式红外热像仪系统，包括红外图像采集器、红外图像处理模块、图像显示、图像存储、数据查询、报表生成等模块。进行该类工作之前就对机器人的诊断系统预先设定设备温度阈值，并且机器人通过自主判断，将超过预设温度的设备信息上传给计算机，并且发出声音和文本警告。借助可见光图像识别，判断挂件设备内部温度梯度，进而生成一目了然的设备历史温度曲线表。

第三类是对变电站进行声音监测与诊断

该种作业对变压器的噪声进行采集和分析。通过移动体携带的麦克风进行噪音数据采集，并经过无线网传回基站。经过查阅大量的相关文献并进行反复的对比、分析，判断变压器是否处于正常工作状态。如果发现变压器出现异样，则会发出警报，并对异样做进一步的识别分类。

第四类是对变电站进行移动物体闯入侦测

该种作业主要是利用视频采集压缩传输获得数据，针对环境中的可疑目标进行重点监控，分析视频中相对于背景运动的目标；如果确认可疑就会发出警报，并上传录像到基站，以便引起操作人员的注意和查证。

智能巡检机器人在电力行业的应用，成为电力行业的新"劳模"，可以实现苦寒风沙、酷暑大雨、高原空气稀薄等环境方面的需求，并且借助导航方式、技术监测、分析技术等优势，实现智能电网建设的全新布局，从而加速电力行业迈向工业 4.0 的发展进程。

◆**本节小注**

智能巡检机器人已经逐渐在电力行业得到全面应用，传统电力行业应当立足于电力行业，以机器人技术和产品服务于电力生产，体现电力系统高新技术水平，在机器人及机电自动化领域突出体现电力行业特点，围绕变电站设备巡检机器人、高压带电作业机器人、电力输电线路除冰检测机器人等所涵盖的机电一体化技术、计算机控制技术、人工智能技术、多传感器融合技术等学科在电力生产中应用，让电力特种机器人为我国电力事业服务。

 ## 车联网推动汽车、运输行业实现转型之路

全球工业 4.0 方兴未艾，汽车行业掀起了一股创新和转型热潮，许多车企转向了车联网方向寻求新的布局领域，即无人驾驶领域，从这一领域实现汽车行业的工业 4.0 转型之路。

目前，车联网在汽车领域发展得如火如荼，并且**未来车联网将成为汽车产业竞争的制高点**。工业 4.0 时代，传统的汽车制造商和新兴的高科技将进行深层次的融合，全球的汽车、运输行业正在进行一场巨大的变革。

车联网与智能汽车的深度融合，目前已经成为全新的衡量一个国家现代化程度高低及国家综合实力高低的重要标志。由此引发了全球汽车行业和互联网巨头争相布局车联网市场，例如，特斯拉布局车联网，研发车载无线网络，谷歌推出无人驾驶汽车，苹果强推 CarPlay 车载系统，诺基亚启动车联网基金，百度启动无人驾驶汽车研发计划，阿里巴巴联手上海汽车集团打造"互联网汽车"，腾讯首发路宝盒子试水车联网，等等。

2015 年初，美国特斯拉的高管与中国电信的高层进行了一次会面，双方计划初步合作接入车载无线网络，这次会面标志着特斯拉布局车联网迈出了关键的一步。事实上，在2014 年的时候，特斯拉就已经发布了一款配有"Autopilot"自动驾驶系统的"D系列"全新车型，该车型具有自动泊车、高速公路无人驾驶、堵车自动跟随、远程熄火等功能；另外，车主可以通过特斯拉官方的手机 App 实现车灯、天窗、大灯等部件的自动开关，真正体现了特斯拉汽车由智能化向无人驾驶迈进。

车联网与汽车行业深度融合，必将给汽车、运输行业带来更加广阔的发展前景。

首先，车联网可以带来巨大的经济收益

全球移动通信系统协会 GSMA 与市场研究公司 SBD 联合发布了一份关于车联网未来发展前景的报告显示：预计到 2018 年，全球车联网市场规模将达到 390 亿欧元，其中交通信息、呼叫中心等车联网服务的比例为最大，其占有比例为 61.3%。据相关机构预测，我国 2015 年车联网渗透率将从 2010 年的4.67% 增长到 10%，市场规模预计 2015 年年底将突破 1500 亿元；预计到2020 年，我国车联网用户数量将超过 4000 万户，届时，渗透率将超过 20%，市场规模则有更大幅度的突破，将达到 4000 亿元。

其次，车联网将推动运输行业实现智能交通

从表面上看，车联网能够给众多企业带来巨大的商机，但是从更深层次上来看，车联网所带来的不仅是巨大的商机，通过车联网打造的智能交通还可以给民众带来更多的便利和安全，可以造福于人类。

车联网在交通运输方面的应用主要表现为：一方面，通过碰撞预警、电子路牌识别、红绿灯警告、网上车辆诊断、道路湿滑监测等，为车主提供更加及时的警告，从而很大程度上提高了行驶的安全性；另一方面，通过城市交通管理、交通拥堵检测、路径规划、公路收费、公共交通管理方面的应用，来改善驾车出行的效率，从而缓解交通拥堵状况；另外，可以促进节能减排，这符合当下能源结构的调整以及雾霾治理的需求，真正地起到了绿色环保的作用。

无人驾驶汽车在智能交通体系内行驶，可以使得城市道路的通行能力提高 2 ～ 3 倍，从而实现交通拥堵降低 60%，行车过程中的停车次数减少 30%、行车时间缩短 13% ～ 45%、油耗量降低 30%、废气排放量降低 26%。

157

最后，车联网将带来新一轮汽车产业以及相关产业的变革

一方面，车联网的出现将推动汽车行业呈现新兴业态。互联网企业借助长期积累的大量用户数据和线上服务优势，将汽车生产、教育、售后等产业链逐渐引向线下，从而实现了 O2O 的生态圈模式，这样就使原来的生产型制造逐渐地向服务型制造方向转变。另一方面，车联网也向汽车行业的相关领域延伸，如金融保险、信息通信行业等。

以金融保险行业为例，"车联网 + 保险"将成为未来汽车保险行业发展的必然方向。车联网在保险行业的应用将为保险行业的发展提供良好的契机。车联网可以提高保险行业对人、车、路、环境的信息采集与分析能力，从而打造创新盈利

模式，获得创新收益；车联网可以提升保险行业的车辆及驾乘人员的信息存储和处理能力，从而创新风险管控模式，降低保险管控成本；车联网可以实现实时信息交互与远程综合服务的支撑，从而提升对客户的服务水平，提高车型续保率。

纵观国内外车联网市场，车联网技术呈现出百花齐放的发展态势，并且在其基础上诞生了诸多智能手机与无人驾驶汽车相连接的车载系统，通过手机端的 App 就可以将操作传输到车载显示屏上，并通过车载显示屏上的简单菜单进行安检或语音命令进行相应的操作。车联网在汽车行业的应用，将给汽车、运输行业带来更多的便利，从而使得汽车、运输行业在工业 4.0 道路上的转型更加容易。

◆本节小注

如今，客户互联主导汽车行业的大局，消费者最关心的就是安全与完美的驾驶体验，车辆管理以及实施客户关怀与服务。因此，车联网在汽车行业的应用则显得越来越重要。目前，车联网在国内的发展还处于方兴未艾的阶段，各大汽车制造商已经看到了车联网给汽车以及运输行业所带来的便捷化、智能化等，大运营商、谷歌等互联网公司，以及"隐性"的金融巨头都已经纷纷布局车联网，因此，传统汽车行业更需要解决"车与路""车与网"的互联，更重要的是"车与人""车与车"的互联互通。但是，目前真正地实现后者还是比较困难的。真正的车联网应该是相当开放的，要想真正地实现车联网的开放性，通信运营商、IT 服务商以及整车企业就应该共同参与研发，将所有技术融为一体，从源头对整个系统投入开发。

下篇
实践篇

第11章
国内企业工业4.0转型实战案例与分析

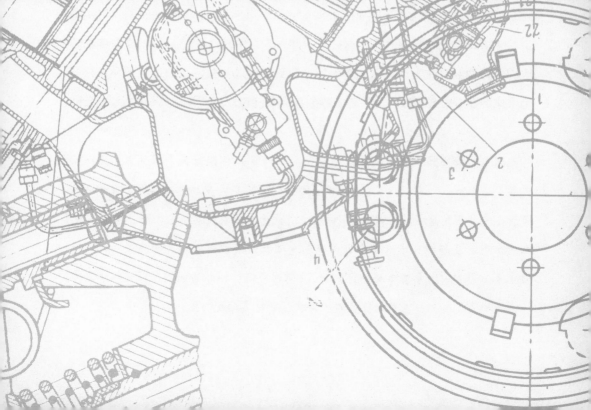

伊利打造富含高科技的智慧牛奶

近几年，中国经济快速腾飞，中国制造则朝着全球共同瞩目的工业 4.0 时代挺进。在这种全球市场环境下，中国各大品牌也都纷纷落实《中国制造 2025》战略，争相为中国品牌树立标杆，为广大中国企业走向世界提供参照样本。

中国作为全球制造大国，遵循"一路一带"的战略思想。伊利作为中国乳业的龙头企业，在全球乳业制造中担负着义不容辞的重任。如今，伊利正在运用全球资源、智慧，开创乳业领域的创新体系建设，打造全球信赖的中国品牌。

据中国商品销售结果统计数据显示，2014 年，伊利跻身全球乳业前 10 强，成为了目前唯一一家进入全球前 10 强的亚洲乳制品企业，也成为近年来亚洲排名最高的乳制品企业。与此同时，伊利企业成为全国乳制品综合市场、奶粉市场、冷饮市场、液态奶市场、儿童奶市场五大市场中均占第一的乳制品企业，因此被业界誉为"中国零售市场的风向标"。伊利取得这样好的成绩，不仅意味着市场格局的变化，也代表着消费者对于伊利品牌的信任度的提升。

在全球智能化浪潮的冲击下，国家工信部在 2015 年公布：将伊利纳入了乳制品生产智能制造试点示范项目，伊利成为了国内唯一上榜的乳制品企业。伊利响应《中国制造 2025》战略，为消费者打造了富含高科技的智慧牛奶，使得其成为国内工业 4.0 变革的主导力量之一。

所谓智慧牛奶，实际上是伊利向智能化发力的一个项目。历经多年的部署，如今伊利牛奶的生产制造中的多个环节均已实现了智能化，包括产品研发、生产制造、质量管控、终端销售、物流配送等都已经变得智能化起来。

首先，在生产方面，伊利集团通过系统模型开展模拟仿真与实践应用，利用智能机器人等其他智能设备实现了生产过程的自动化，并以智能设备主导整个生产制造环节。

其次，在质量方面，伊利集团首创质量追溯智能系统，这就意味着伊利牛奶从最初的奶源到最终进入消费者手中，都可以实现质量追溯管理的。这样，每个消费者所喝的牛奶都是有"身份"的。在伊利的奶源基地，每头奶牛自出生起都有自己的养殖档案，记录包括其"父母""兄弟""姐妹"以及每天挤奶次数、每日身体状况等信息，非常详细。在奶源运输的过程中，伊利也采用 GPS 导航定位，实时跟踪原奶的运输状态，从而实现了奶源运输路线的可视化。在原奶进入工厂以后，使用条形码扫描的方式对其进行随机编号检测，由此进行 360 度的质量风险防控检测。

2015 年 7 月 5 日，"首都之窗"公布《北京市贯彻质量发展纲要实施意见 2015 年行动计划》，明确指出"乳制品企业要建立婴幼儿配方奶粉等重点高风险食品可追溯体系"。作为中国乳制品行业的领军企业，伊利严格把关，力求生产 100% 安全、100% 健康的乳制品，因此与北京爱创科技股份有限公司合作，率先引进液态奶质量安全追溯系统，即爱创 TTS 产品质量追溯系统，成为国内首家实现电子信息追溯系统的企业。

最后，在营销和售后方面，伊利集团利用互联网、大数据、云计算等先进技术，更加了解用户的真实需求，并且实现了新一代信息化技术为代表的产品营销与售后的管理示范，使得伊利集团在产品研发、市场定位方面不再像以前一样无章可循，而是转变为如今的按用户所需进行生产。

除此以外，伊利集团还大力推进数字化智能化的创新与升级，并且深入产品的研发、生产、销售、配送、服务等智能制造的整个环节中，还让用户大力发挥自己的创意灵感，参与到产品的研发、制造等诸多环节，实现全乳制品生产链条的智能化，最终实现伊利制造工业 4.0。

全球正在向智能制造的工业 4.0 迈进，与此同时，全球制造业的核心也正从以产品为核心向以消费者为核心的服务型制造转变，"生产 + 服务"已经成为智能制造的重要特点，也是企业与消费者实现互动的最好方式。伊利作为国家智能制造的重点规划项目试点，全面布局、发力智能领域，成为推动我国乳制品企业整体达到国际先进水平的最好动力，也使得消费者在智能制造生态圈体验的智能产品和服务实现最优化。

162

◆ **本节小注**

伊利集团的"智慧牛奶"为我国的乳制品行业树立了标杆，这将是未来乳制品行业逐渐发展的一大趋势，未来有"身份"的牛奶必将是人们的首选。传统乳制品企业也应当切实抓住这一点，结合互联网优势，借助智慧科技全面打造智慧牛奶。

报喜鸟：借力工业 4.0，转型私人定制

　　拥有一套属于自己的定制服装，在成本高、技术水平低下的过去，对于普通老百姓来讲简直就是奢求，只有富贵显赫的人才能实现这样的梦想。如今，借助工业 4.0，拥有私人定制产品已经成为了现实。

　　在当前的移动互联网时代，传统品牌受到了"互联网＋"所带来的巨大冲击，传统企业生产、传播和流通已经无法适应当下制造行业。因此，借助线下线上联动的生产模式，可以很大程度上提升制造业的服务意识。报喜鸟就是在移动互联网的基础上，借力工业 4.0，转型私人定制，使服务得到了进一步的升华。

　　报喜鸟的私人定制业务是由顾客需求下单到企业个性化生产的新兴业务，是服装业的一大壮举。一直以来，国内的服装业都处在一种困局中，即在实现个性化定制的同时却未能将成本控制在一定的范围内，不能在快速生产的同时保证质量品质。但是随着工业 4.0 的兴起，智能生产模式逐渐被人们广泛应用，也由此解决了报喜鸟长期以来一直受困扰的问题。

2014 年，报喜鸟开始进行工业 4.0 智能生产的布局，第一条智能生产线已经改造完成。通过智能化生产，已经打破了原有的快速生产与生产率低的瓶颈，实现了快速生产的同时也提高了产品品质。因此，2015 年上半年以来，报喜鸟的私人定制业务所带来的销售额同比增长了 50% 以上，这使得报喜鸟的销量有了很大的改观。

在报喜鸟的第一条智能生产线车间里，所有的机器设备都被赋予了"智慧"，形成了高度自动化的智能生产车间，一切生产流程都变得井然有序。在生产过程中，原料的传送是通过吊挂系统自动完成，并且每件衣服的生产数据都由设备自动显示在每个工位的电子显示屏上，有关成衣的所有信息都可以一目了然。自从第一条智能生产线建立以来，该车间每天能生产 300 套定制西服。与此同时，不但降低了成产成本，还很大程度地提高了劳动生产率，为报喜鸟提高了盈利。

实际上，报喜鸟是利用"O2O+C2B"的模式来进行营销的。首先消费者通过报喜鸟的官网，或者天猫、京东、400 热线、线下实体店等渠道进行预约定制，并且自主选择自己喜欢的面料、工艺、款式、领型、颜色等，此外还可以根据自己的喜好进行 DIY，待预约完成以后，报喜鸟指派专业搭配师和量体师在 72 小时内上门服务。之后，再由工作人员将预约的所有数据以及上门量体等数据录入后台，由后台对这些数据信息进行分析和整合，通过三种不同功能的智能系统生成版型、工艺、物料、排单四类生产资源信息。最后，通过智能系统将各组数据同步汇集到先进的 MES 生产执行系统，生成唯一的编码，再将编码导入 RFID 芯片，根据芯片上的个人服装"身份证"数据信息，所有的原料和辅料都通过智能制衣吊挂体系传送到每位工人面前，并在其面前的平板显示屏上显示所有有关该消费者定制服装的信息，从而确保一人一版、一衣一款、一单一流。此时，报喜鸟的智能生产车间便开始工作了，一场定制之旅便由此开始了。经过各个环节 360 小时的精细生产之后，一件完美的定制服装便可以送达顾客手中。

早在 10 年前，报喜鸟就涉足量体定制业务，但是当时条件并不成熟，还不具备智能生产的能力。如今，报喜鸟在经过多年的经验沉淀与积累，加上后台工艺、技术标准、制作流程的不断优化，已经全面展开了个性化定制业务，并与国际先进水平接轨。2014 年，报喜鸟已经率先全面实现了服装的私人定制，包括西服、衬衫、夹克、毛衣、皮鞋等多个品类。

自报喜鸟推出私人定制业务以来，报喜鸟的营业收入一直处于上升阶段。仅 2015 年第一季度，报喜鸟的的营业收入就达到了 5.8 亿元，净利润为 0.69 亿元，同比增长了 26.7%。报喜鸟除推出网上私人定制服装业务以外，还引入了社会化营销。计划在未来 3 年内，将发展 1000 家智能裁缝创业平台，以此来解决大学生就业难的问题；并计划发展 1000 家婚庆定制合作项目，通过上海宝鸟工厂对接 1000 家全球私人定制店，从而打造跨境电商平台。目前，报喜鸟已经全面进入智能生产阶段，旗下首批 150 家婚庆量体定制合作店以及 50 家智能裁缝定制店已经在 2015 年下半年开始陆续开业，并取得了良好的业绩。

报喜鸟借力工业 4.0，转型私人定制的创新业务模式，实现了无库存、毛利率高、物理网点渠道依赖程度低，同时也塑造了一个全新的高端品牌形象。因此，报喜鸟的这种全新业务模式必将成为国内众多服装业效仿的标杆。

◆本节小注

目前，私人定制已经不再是一件奢侈的事情，大规模私人定制已经拉开了帷幕，尤其是对量体裁衣的服装行业的影响则更是明显。回顾那些已经进行转向私人定制创新业务模式的企业，其业绩、口碑在业界都可谓是水涨船高。因此，传统企业面临的必然是转型。如果按部就班地按照原来的生产模式和思维来发展，必将一步步走向衰败。服装行业实现私人定制的转型势在必行。

166

 ## 美的中央空调进入无人自动化生产时代

2015 年 5 月 8 日，国家颁布了《中国制造 2025》战略，因此 2015 年是中国发展工业 4.0 的第一年，国内高端产品的生产制造方式也有了很大的创新。目前，我国电器巨头美的的中央空调也在 2016 年巴西奥运会运动场馆的空调工程招标中击败了多家国际巨头，成为了唯一指定品牌，包揽了所有多联机产品，这意味着美的中央空调已经开始打入国际市场。

美的之所以能够快速进入国际市场，是因为其工业生产已经全面进入了自动化生产阶段，引领了我国工业自动化生产的潮流。生产制造的自动化是提高生产效率的最佳方式，也是实现我国工业 4.0 的最有效途径。美的中央空调的自动化生产制造充分代表了我国现有智能工厂的先进发展水平。美的利用先进的自动化生产方式，成为中国工业 4.0 的先锋。

生产车间自动化

美的中央空调温州生产基地，通过投入巨资全面打造了一个"数字化车间"。该数字化车间的总体设计和工艺流程以及整体布局都融入了数字化模型，采用计算机辅助设计、计算机辅助制造等进行模拟仿真，通过企业资源计划等实现了生产车间的整体规划、运营等的数字化管理。生产车间内全部利用数据采集系统和先进的控制系统，使生产工艺数据的自动采集率达到了90% 以上。

不但如此，美的中央空调的生产车间还采用三维计算机辅助设计以及工艺仿真路线、可靠性评估等技术，将产品的所有信息贯穿于整个生产流程过程中，包括产品的设计、研发、生产、仓储、运输、销售等各个环节，从而实现了产品的生命周期管理。

另外，美的中央空调的生产车间还拥有一个巨大的实时数据库平台，借助互联网的优势与生产管理系统实现实时互通与集成，实现了基于工业互联网的信息工厂以及优化管理。利用数据采集和分析系统，对制造进度、现场操作、质量检验、设备状态等所有生产过程中所涉及的设备、产品进行参数对比分析，判断产品质量是否合格、机器设备运转是否正常等。

生产过程和产出自动化

在美的中央空调的合肥生产基地，生产过程中的钢板脱脂清洗、焊接等都是通过机器人来完成的，这样不但可以降低人工工资成本，还可以提高劳动效率，提高产品质量。美的中央空调投入大量资金引进奔驰、宝马等国际豪车生产线，目的是使整个生产过程全面实现自动化作业。

自 2012 年以来，美的每年都会在生产制造作业中引入机器人。到 2015 年，美的各类工厂内机器人的数量已经达到了 800 多台，其中投放在自动化上的资金已经达到了 50 亿元。预计未来两年内，每年会有将近 500 台机器人加入美的的生产线阵营当中，到 2017 年，机器人引入数量将达到 1800 台。届时，美的将全面进入自动化时代，生产效率将提升 70%，生产线人数减少 50%，人机比例将缩小到 4%，产品合格率几乎为 100%，整个企业的空调产品达到了世界领先水平。

🔧 物流配送自动化

美的中央空调的生产工厂内，所有的产品配送都是由机器人来完成的，机器人将货物整齐地码放在无人驾驶的货车上，之后再将其运送到集装箱码头，机器人起重机再将这些货物装载到无人驾驶货车上，并且按照指定地点精准地运送到目的地，真正地实现了货物的自动化配送。

显然，美的已经全面走上了生产制造的自动化道路，美的在实现自动化生产制造的过程中投入大手笔，搭建开放式创新体系，其实是为自身开辟全新的增长点，有利于快速迈进工业 4.0 的自动化生产时代。

◆本节小注

自动化给企业生产带来的影响是毋庸置疑的，许多研究数据和真实案例都能表明自动化所带来的生产力的提升要远远高于传统企业中大量投入人力所产生的结果，在生产率、良品率、风险系数等方面，都是传统的人工生产所无法比拟的。由此，我们可以意识到，企业如果不加快自动化、智能化的转型升级，最终的结果是不言而喻的。

隆力奇：全面技术改造，率先实现本土化妆品的智能制造

当前，制造业是我国的支柱产业，随着全球工业 4.0 热潮的不断升级，我国的制造业也加入了全球工业 4.0 的发展行列。日化行业面对全球的激烈竞争，也在艰难中寻求生存，试图通过对技术进行升级改造，实现工业 4.0 的智能升级。隆力奇作为国内规模最大、技术力量最为雄厚的日化企业，是这一领域的典范，隆力奇在全面进行技术改造之后，率先实现了本土化妆品的智能制造。

2015 年 11 月 21 日，由工业和信息部工业文化发展中心、德国机械设备制造业联合会共同主办的"《中国制造 2025》高峰论坛暨德国工业 4.0 中国首家试点项目"启动仪式在我国江苏隆力奇生物科技有限公司举行。该活动表明隆力奇已经正式发力工业 4.0，也正是由于隆力奇将发展创新作为企业转型升级的首要位置，因此才成为了德国工业 4.0 中国首个试点项目企业。

隆力奇经过多年在日化行业的发展，深刻地认识到创新升级是企业发展壮

大的基础。因此，自 2005 年开始，隆力奇加强在全球市场中与高端研发人才的合作，在美国成立了保健化妆品研究院，在日本、法国等国家建立了全球八大研究机构，从而为隆力奇在日化领域的发展提供了顶级技术支持，从而成就了隆力奇的"新型洗发水""新型含酶牙膏""纳米级白藜芦醇护肤品""中草药美白系列产品"等，也正是这些创新产品使得隆力奇逐渐打开了海外市场的大门。

生产车间的智能化改造

2015 年，国家发力工业 4.0 之际，隆力奇也加强了智能化发展。为了进一步实现转型升级，结合自身的发展情况，对公司生产车间内的生产设备和流水线进行了全面规划和改造，打造了智能化净化车间、全自动原料配送系统。与此同时，隆力奇还引进了国际一流、国内先进的智能化新工厂，如德国 GEA 承台反应锅系统、波浪牙膏成套反应锅系统、瑞典 Nordon 全自动罐装包装牙膏生产线等。毫无疑问，隆力奇引进的这些先进的技术很大程度上提升了其在国际市场上的竞争优势。目前，隆力奇的生产车间内有 33 套自动化生产设备，其数量占所有生产设备的 75.75%，这些设备使得隆力奇的生产设备智能化程度处于国际领先水平。

生产管理系统的智能化

1. **智能联网体系**。隆力奇的车间内 Wi-Fi 全覆盖，通过网络、监控设备实现生产车间设备和仪器的联网与集中管理、生产信息的自动采集和数据传输、设备运行状况及生产过程全部通过网络实现远程监控。

2. **智能订单管理系统**。隆力奇采用的是多渠道的智能订单管理系统平台，可以实时抓取数据，直接导入并高效处理海量多源的订单，进入系统后可以将订单进行合并处理，也可以将订单拆分进行逆向操作。将订单合并的好处是可以对生产计划、物料需求等进行规划，并且可以提高生产效率。

3. **生产数据实时显示系统**。设备的传感器可以实时显示日常设备运行过程中所产生的数据。如果与预先设置好的参数有所不同，系统就会发出警报，便于操作人员进行维修。

4. **在线质量监控系统**。利用称重式灌装监测、360 度视觉监测系统等对于产品进行严格质检。如果有未达标的产品，设备将会自动剔除；与此同时还会将该时段的次品率记录在案，便于管理者制定监控重点，进一步提高产品质量。

5. **物料追溯系统**。供应商所提供的物料一进入车间，就会被记录在案，并且系统会自动生成一个厂内批次号，与供应商批次进行关联；与此同时，该批次号还会在产品检测报告、生产领用报告、产品配料记录等所有与该物料有关的过程中显示出来，并最终实现与成品之间的关联，这样就可以在每个环节对物料进行追根溯源。

6. **产品追溯系统**。产品的追溯即从配料、混料、灌装到配送、销售等各个环节，在每个环节都会将操作数据存储在系统中，每件产品都可以追溯到其物料信息、人员信息、工艺条件等。

7. **智能物流系统**。订单下达生产指令之后，便决定了产品的最终去向，为了防止在拣货过程中出现错误，所有的库存调配指令均发放到每位配货员手中的平板电脑上，配货员只要按照上边的指示进行配货即可。待货物配送完毕之后，仓库管理系统（WMS 系统）可以与物流公司的单据信息进行实时传递，并可以对货物运输状态进行实时追踪。

2015 年，隆力奇引进先进技术后，已经向国家申请了 70 多项发明专利，获得授权的发明专利达到了 36 项，获得外观专利的项目达到了 100 多项。仅 2015 年第一季度，隆力奇的国际市场销量同比增长了 128.4%，在尼日利亚、韩国、俄罗斯等国家的日化市场上相当走俏。

不难看出，隆力奇为了接轨"中国制造 2025"，的确是下了不少功夫。从车间的智能化升级，到整个生产管理系统的智能化转型，完全符合制造业企业在工业 4.0 道路上的转型升级要求；从生产设备的智能化到物料、产品的追根溯源，无不是朝着工业 4.0 时代服务型生产的趋势发展。隆力奇在进行多方面的自我创新的同时，也借鉴国外先进技术。我国当前各方面的技术条件并不是特别成熟，隆力奇借鉴他人的优秀技术成果，结合自身的发展情况，加工整合为适应自身发展需求的全新硬件和软件设备，实现了本土化妆品的智能制造，成为德国工业 4.0 中国首个试点项目企业，在与国际大牌竞争时增加了不少走出国门的底气以及爆发力。

◆本节小注

智能制造已经成为当下全球生产制造的核心，传统制造企业单纯的生产制造在车间管理、供应链管理等方面已经不能满足社会化需求。因此，要学会在研发设计环节，采用智能化三维数字化设计软件、计算机仿真系统等手段；在生产制造环节，采用工业机器人、制造执行系统等手段；在经营管理环节，采用商业智能系统等手段，全面推进生产制造的智能化；在营销环节，采用大数据分析，以便优化生产工艺流程，实现精准营销的目的。

北汽福田：接轨德国工业 4.0，打造"产业 + 互联网"的智能工厂

自 2015 年 5 月国家颁布了《中国制造 2025》战略以来，信息技术与制造技术深度融合的自动化、数字化、网络化、智能化制造就成为了国家工业发展的主线，明确地为中国工业未来的发展指明了方向。放眼望去，北汽福田自成立至今，其发展战略实际上都是与《中国制造 2025》的战略相契合的。目前，福田正在接轨德国工业 4.0，以一种高度自动化、数字化、网络化、智能化的生产方式突破产品质量，致力于成为"中国智造"中的领头人。

2015 年 10 月 29 日，德国总理默克尔访华随行团德国商协会和企业家代表一同到北京怀柔的福田戴姆勒数字化工厂进行参观、考察。这次考察使得中德汽车产业合作和德国工业 4.0 再一次成为了人们关注的焦点。

当前，福田汽车正依据《中国制造 2025》，在技术创新上实现更大的突破，福田汽车以高科技成就了享誉世界的品牌，以创新驱动战略转型，用自动化、数字化、网络化、智能化的理念按照世界标准进行生产制造，推进绿色生产，成为了创新型产品创造中心。

福田为自己能够快速接轨德国工业 4.0，实现《中国制造 2025》的战略目标，专门制定了发展目标，即"福田汽车 2020 战略目标"，主要包括 3 个方面：第一，加快动力系统的合资合作，整合世界先进科学技术；第二，追求领先时代的创新科技，推动技术进步；第三，以高科技和不断的体系创新，改进汽车产品实物质量。"

现在，福田汽车正在深化"产业＋互联网"思维，加速实现智能产品的生产和应用，即利用智能化车联网系统实现人、车、手机的互联互通，福田汽车将重点开发这一领域。未来，这种"产业＋互联网"的生产方式将成为汽车行业的发展潮流。

福田汽车正在加紧联合全球资源优势，实现行业突破，与奔驰合作的过程中全面引进德国工业 4.0 技术。福田汽车希望通过理念与技术的结合，成为互联网智能汽车领域中的国际领先企业。目前，福田汽车已经建立了自己的商用车工业 4.0 顶层架构，通过车联网、大数据、云平台建立以客户为中心的生态系统，利用大数据推动企业管理向智能化迈进，通过智能产品、智能工厂、智能制造实现满足客户需求的大规模个性化定制。

福田戴姆勒汽车在借鉴了奔驰重卡的智能化车队管理系统理念之后，在满足国家汽车行业运输政策、法规的基础上，在欧曼 GTL 的超能板上安装北斗智能车载终端，从而实现了以"智慧重卡"及智能化车联网为基础的"智能化车队管理系统"。该系统给物流公司带来了极大的便利，实现了物流公司对车辆、人员货物以及业务的便捷管理。

实际上，在智能化车联网系统的基础上搭建欧曼 GTL 超能板，可以帮助汽车企业实现远程诊断，在线升级软件，并实施上传车辆的运行数据，通过这些数据可以对驾驶人员的运行线路、驾驶行为、油耗情况等进行实时监控，并根据不同的情况提出不同的优化方案。福田戴姆勒汽车接入这一系统之后，在行车安全、车辆安全、货物安全等方面有了明显保障，此外还实现了车辆信息追踪、紧急救助、远程协助、故障诊断等功能。

　　目前，福田汽车正在向这个领域大步迈进，并在此技术基础上向个性化定制方向发展。与此同时，福田汽车正在通过车联网管理系统平台建立客户、经销服务网络及生产车间的互联互通，并且大力提升车联网应用的增值服务。

　　这也就意味着，在未来，一切冷冰冰的钢铁机器都会在智能化道路上实现交互、沟通、连通，然而保证这些实现的前提是运用以客户为中心的互联网思维下产生的大数据，借助这些数据帮助福田实现客户交互多渠道、营销服务模式多样化、业务组合多元化、系统运行高度智能化与集成化，从而为客户提供更加优质的服务。

　　如今，中国已然成为了世界制造大国，各种产业都是在自有精粹技术的基础上融合全球技术优势，使得中国制造成为全球先进产能发展方向的代表，这必将推动"中国制造"到"中国智造"的升级。福田汽车与德国工业 4.0 的接轨、与奔驰先进技术的融合，打造的这一套全新的智能化管理模式，必将引领中国汽车行业向智能制造时代迈进。

175

◆本节小注

纵观当下全球制造业发展趋势，加强互联网、大数据信息新技术的研发与应用，通过智能化工厂建设，降低生产成本，提高企业竞争力和效益，是当前企业最需关注的话题。"产业＋互联网"可以让工厂变得更加"聪明"，传统企业要充分有效地利用互联网激活传统工业，使得工厂设备具有"说话""思考"的能力，这样才能实现智能制造的三大功能：较大程度地降低制造业对劳动力的依赖，较大程度地满足用户的个性化需求，将流通成本降到最低。

海尔：首创互联工厂，生态圈向"智慧"全面升级

在《中国制造 2025》战略颁布，以及德国工业 4.0、美国工业互联网等战略方兴未艾的大背景下，海尔也全面绘制属于自己的发展蓝图，即互联工厂，使其生态圈向"智慧"全面升级。

互联工厂

海尔的工厂是一个充满活力、拥有众多机器人和自动化设备的工厂，无论是从最前端的零部件入厂还是到整机装配入库，都实现了自动化操作。并且所有的空调从技术、功能、外观、颜色、材料，到生产数量、运输车辆、运送时间等都实现了用户与工厂的完整交互。

这样的场景正发生在海尔所搭建的互联工厂。海尔的互联工厂以用户需求为主，进行了一系列并联布局，让产品的研发、生产、销售、物流、售后等所有环节都实现了与用户的实时交互，产品售卖出去即开始了与用户深层交互，

物流和售后成为交互的一部分。而在传统的串联式体系下，产品卖出即代表产品与用户交互的结束，交互过程中并没有涵盖物流和售后，对于传统串联式体系而言，物流和售后通常是通过被动交互来实现的。

　　显然，海尔的互联工厂不但体现了智能制造水平，而且真正地实现了大规模生产向大规模个性化定制的生产模式，这也就意味着，线上生产的每一台空调都是"有主"的，真正让海尔家电从研发开始就知道自己的主人是谁，将来要到哪里去，这正凸显了用户需求决定产品生产方向的时代已经来临。海尔利用一个简单的产品展示平台来倾听用户需求，或者让用户随时自己进行社区定位，可以了解到该社区有多少用户在使用海尔的哪些产品，还可以帮助用户进行简单、清晰的选择。与此同时，那些具有个性化需求的用户则通过众创汇、众创定制等平台表达自己的个性化需求，从而让海尔帮其进行定制生产。

177

　　海尔为了进一步加快大规模个性化定制生产，建立了以互联工厂为战略基础的众创汇交互定制平台。该平台建立了用户、设计师、全球资源零距离交互设计的全新生产模式，并且在 2015 年 11 月 7 日举办沈阳"厂开趣定制"活动中，与国际娱乐动漫巨头迪士尼开展跨国合作，吸引了众多迪士尼动漫粉丝走进海尔互联工厂，体验海尔升级后"众创汇"交互定制平台，亲身感受海尔以用户需求为基础的创新理念。

 "智慧"生态圈

　　实际上，海尔的互联工厂所生产的智慧家电已经颠覆了传统意义上家电的概念，被更多地赋予了"智慧"的思想，实现了产品与产品、产品与用户之间的互联，使得海尔生态圈向"智慧"升级。

海尔利用互联工厂打造的这种全新的"智慧"生态圈，旨在为用户提供不同的智慧生活的解决方案，如智慧饮食方案、智慧生活环境方案、智慧用水方案，海尔正是通过"U+ 智慧生活平台"来实现"智慧"生活圈的。所谓"U+ 智慧生活平台"是指通过开放的物联模块、软件中间件和云平台服务接口，让平台上的相关参与者为最终用户提供智慧健康、智慧安防、智慧食物、智慧空气、智慧娱乐、智慧洗护、智慧用水的一站式智慧生活解决方案，如图 11-1 所示。对于用户来讲，"U+ 智慧生活平台"是一个能够让其用户实现个性化需求的平台。

图 11-1 海尔智慧生态图

海尔生产出了一款智能安防和空气检测产品，能给家庭带来更加健康安全舒适的厨房环境。当燃气发生泄漏时，该产品的系统就会自动发出警报，并通过手机通知用户。当用户做完饭菜后忘记关火或者出现烧干锅情况的时候，系统也会及时发出信息，一方面通知用户，另一方面自行关掉燃气阀。当厨房内空气质量发生变化，出现"健康、较差、很差"三种情况的时候，系统会向用户发出绿、橙、红三种颜色进行提示，并且自动处理，如开启抽油烟机进行通风换气。

智慧厨房给用户带来的不仅仅是个性化需求的实现，更重要的是安全防控意识的提升，这也正是"智慧"生态圈的巨大价值所在。如今，海尔率先创建了互联工厂，以满足用户需求为导向，依托"U+ 智慧生活平台"，充分聚合全球一流的资源、技术优势，全心全意地为用户定制健康、便捷的智慧生活。由此可见，海尔已经走在了中国向工业 4.0 迈进的最前端。

◆本节小注

当前，高端家电产品增长动能强劲，家电行业的竞争越演越烈，面对当前的形式，智慧生态圈将改变家电企业的市场地位，因此，企业应当推进"U+ 智慧生活生态圈"建设，探索"硬件＋软件＋服务"的运营模式。另外，企业加快建设互联工厂也是非常有必要的，借助互联工厂可以快速响应个性化需求，实现定制全流程可视化，让用户从"产品使用者"转型为"产品设计者与生产监督者"。海尔就是一个智慧生态圈、互联工厂与产品定制化方面的典范，值得众多家电企业深入学习。

179

 中联重科：涉足环境产业，引领工业 4.0 智能先锋

2015 年 11 月 3 日，我国正式公布了《关于制定国民经济和社会发展第十三个五年规划的建设》，其中强调要"坚持绿色富国、绿色惠民，为人民提供更多优质生态产品，推动形成绿色发展方式和生活方式，协同推进人民富裕、国家富强、中国美丽。"由此可见，国家将绿色发展作为发展理念之一，要全面开启环保产业建设。因此，一些涉足环保装备的企业将受到重点关注。

中联重科是我国集工程机械、环境产业、农业机械、重型卡车、金融服务五大板块于一体的高端工程装备制造业。作为一个大型制造业来讲，中联重科正在借助信息技术与制造业的深度融合实现自己的跨越，由原来的传统工程机械制造向智能、绿色制造方向转型，由此逐步与《中国制造 2025》战略相接轨。

🔧 中联重科向"绿色农业、智慧农业"转型

中联重科整合全球资源，结合我国的农业特点，在农业机械方面致力于成为"国内领先的农业生产机械化整体解决方案服务商"，着眼于农业生产全程机械化装备的研发和制造，并将重点放在中高端农机的研发上，成为我国"绿色农业"装备的先行者。

通过集成地理信息系统、全球定位系统、传感技术、遥感技术等的相互结合，并应用于农业生产领域，实现了农业生产的精准化种植、可视化管理和智能化决策。

中联重科利用地理信息技术对土壤、温度、湿度等相关数据进行采集并建立数据库，通过利用测土配方施肥技术、区段控制和变量应用控制技术等，根据不同区域土壤的特点制定出更加科学的生产规划和资源分配决策，包括种植作物的种类、施肥量、灌溉需求等。另外，利用农机具进行自动驾驶作业，通过智能化完成土地平整、施肥、灌溉等作业，使得土地的平整精度达到了 2 厘米，土壤利用率提高了 3% ~ 7%，节省了 30% ~ 50% 的灌溉用水，

播种精度达到了 2 厘米。此外，利用卫星和导航影像来进行农作物疫情控制，确保高效益、高产出。最后利用智能收获解决方案，使用车载控制器与监控中心实施通信，监测整体收割状态和情况，提高收割效率。中联重科的智能农业技术真正实现了有效利用土地、合理种植、环保节水、高产出、高收益等目的，为农场的运营和管理提供了可靠的数据保障和客观的经济效益。

中联重科推动制造业实现绿色制造

中联重科为了快速实现工业 4.0 的智能制造，首个颠覆性创举，即采用"混凝土三位一体 / 二位一体"系统解决方案，通过智能化控制技术，充分发挥系统的内部协同作用，不但实现了砂石比例自动控制，还使得生产出的混凝土密实度高。另外，中联重科根据市场需求进行生产，使得以销定产的智能化原料得到了有效的控制，从而减少了多于砂石的库存量。与此同时，还通过可编程逻辑控制器的智能操控以及数据管理系统实现了数字化作业和数字化管理，很大程度上节省了人工成本。

中联重科的这种系统解决方案可以帮助其更好地了解市场需求，进而生产出高品质商品，化解了产能积压的风险，有效、合理地利用了资源，优化了产出效果，使得中联重科真正地实现了绿色制造。

据有关数据统计显示，使用中联重科生产的高品质机制砂石后，每方混凝土可以节省 10% ～ 30% 的水泥，每吨干混砂浆可以减少 10 元的燃煤费。按照全国每年生产 20 亿立方米混凝土以及 6000 万吨干混砂浆来计算的话，全国每年可以节约上亿吨水泥以及 84 万吨燃煤。这一组数据意味着，如果全国的商混站和干混站都采用中联重科的"混凝土三位一体 / 二位一体"系统解决方案，

181

则全国每年可以减少 1 亿吨二氧化碳、1300 万吨粉尘 22 万吨灰渣的排放。要知道，1 亿吨为 2.8 万棵树一年可以吸收的二氧化碳量。因此，中联重科的创新"混凝土三位一体／二位一体"系统解决方案为我国的环保事业做出很大的贡献。

🔧 中联重科推出智能环卫产品

"创新驱动、智能转型、绿色发展"是中联重科一直以来的环卫发展理念。绿色产品也一直是全球公认的朝阳产业。中联重科倾力打造了多款明星环卫机械产品，如无尘扫路机、无泄漏垃圾车、抑尘车、除雪车等，都是采用先进技术打造的绿色智能产品。其中的无人作业扫路车就是一款全新的"环保卫士"。该扫路车是结合我国城市 PM2.0 环境监控的要求，实现作业不扬尘、清扫无"死角"，而且可以干湿两用，在晴天使用干式，雨天使用湿式，可以实现完美转换。此外，该扫路车还有多种功能，其扫刷真空罩与调节组合机构可以很好地解决纯吸式清扫车不能清扫路边垃圾的作业难题，因此从根本上上填补了国内外的技术空白。

近年来，环卫成为了独领风骚的行业。2014 年，全国在城市环卫方面投资 494.8 亿元，比 2013 年增加了 21.16%。中联重科也将目光集中在了环卫产业的发展上。2014 年，环卫装备市场容量超过了 180 亿元。中联重科环卫装备销售额超过了 50 亿元，取得了销售额行业第一的成绩，市场占有率达到了 60%，其产品主要集中在中高端层次，产品技术、质量都堪称国内一流，部分产品成为全球首创产品。

另外一款多功能抑尘车，可以将水雾喷到 70 ～ 80 米高的地方，不仅可以用于城市扬尘的处理，更可以在露天储煤、焦、沙、石等矿场及工地拆迁等场所使用，利用这种多功能抑尘车可以有效降低 PM2.5 的浓度，达到空气净化的效果。

中联重科与时俱进地研制了众多环卫机械设备，实现了自我突破与创新，真正为国家环保事业做出了巨大的贡献。

中联重科打造全球环境产业"超级航母"

中联重科目前正在着手发展"2+2+4"战略。所谓"2+2+4"战略实际上是指"立足产品和资本两个市场，推进制造业与互联网、产业和金融的两个融合，做强工程机械、环保产业、农业机械、金融服务 4 个板块，打造一个全球化的高端装备制造企业。"

不难看出，中联重科的发展不仅局限于对绿色制造及环卫机械产品的投入，而且还加大力度向环境产业整体方案提供商和投资运营商转型。

中联重科多年来的经验积累，使其在餐厨垃圾处理、建筑垃圾处理、垃圾分选设备等方面实现了产业化突破。2015 年 6 月，中联重科投资 5.08 亿元收购了意大利著名环境产业公司 LADURNER，从而促进了其技术实力达到国际领先水平。

由此可见，中联重科全面布局环保产业，已经在环保产业方面进行了很多优秀的创新，真正地成为了国内引领工业 4.0 的智能先锋。

◆本节小注

从全球工业 4.0 的内涵中不难看出环境保护、绿色制造是工业发展的重点，在结合当前全球环境现状，尤其是我国制造业进行生产制造的时候往往忽略了环境保护的重要性。新时代的企业生产制造必须融入环保理念。一方面要遵守环保法律法规，另一方面要坚持走可持续发展道路。在追求自身发展的同时，注重贯彻环境保护方针和政策，并落实到生产过程的每个环节上，从而实现经济与环保的双赢。